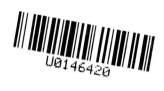

過年寫春聯

隶书（修订版）

主编 杨华

编著 王应科

河南美术出版社
·郑州·

图书在版编目（CIP）数据

过年写春联．隶书／王应科编著．—修订本．—郑州：河南美术出版社，2018.11（2019.1）
ISBN 978-7-5401-4510-1

Ⅰ.①过… Ⅱ.①王… Ⅲ.①隶书－法书－作品集－中国－现代 Ⅳ.①J292.28

中国版本图书馆CIP数据核字（2018）第246246号

过年写春联・隶书

王应科　编著

主　　编　杨　华
责任编辑　庞　迪
责任校对　谭玉先
装帧设计　庞　迪
出版发行　河南美术出版社
　　　　　地址：郑州市经五路66号
　　　　　电话：（0371）65788152
制　　作　河南金鼎美术设计制作有限公司
印　　刷　郑州印之星印务有限公司
开　　本　787毫米×1092毫米　1/16
印　　张　6
字　　数　45千字
版　　次　2018年11月第1版
印　　次　2019年1月第2次印刷
书　　号　ISBN 978-7-5401-4510-1
定　　价　25.00元

关于春联

春联也叫“门对”“春贴”“对联”“对子”。它以工整、对偶、简洁、精巧的文字描绘时代背景，抒发美好愿望，是我国特有的文学形式。每逢春节，无论城市还是农村，家家户户都要精选一副大红春联贴于门上，为节日增加喜庆气氛。

据说中国最早的春联出自后蜀国君孟昶。某年除夕，孟昶突发奇想，命大学士辛寅逊在桃符板上写了两句话：“新年纳余庆，嘉节号长春。”谓之“题桃符”挂在卧室的门框上。这两句话大意是：新年享受着先代的遗泽，佳节预示着春意常在。这就是春联的雏形。

过年贴春联的民俗起于宋代并在明代开始盛行。据史书记载，明太祖朱元璋酷爱对联，不仅自己挥毫书写，还常常鼓励臣下书写。有一年除夕，他传旨：“公卿士庶家，门上须加春联一副。”初一日，太祖微服出巡，看见交相辉映的春联感到十分高兴。当他行至一户人家，见门上没有春联，便问何故。原来主人是个杀猪的，正愁找不到人写春联。朱元璋当即挥笔写下了“双手劈开生死路，一刀割断是非根”的春联送给了这户人家。从这个故事中可以看出朱元璋对春联的大力提倡，也正是因为他身体力行，推动了春联的普遍盛行。

到了清代，春联的思想性和艺术性都有了很大的提高，梁章钜所撰《楹联丛话》对楹联的起源及各门类作品的特色都作了一一论述，其中就专门提到春联。可见春联在当时已成为一种文学艺术形式。

常见的春联，依其使用场所与位置，可分为门心、框对、横批、春条、斗斤等。“门心”贴于门板上端中心部位；“框对”贴于左右两个门框上；“横批”贴于门楣的横木上；“春条”是根据不同的内容，贴于相应的地方的单幅文字，如在过年时在庭院里贴的“抬头见喜”“出入平安”“恭喜发财”等；“斗斤”，也叫“门叶”，为正方菱形，多贴在家具、单扇门或影壁上，春节时大家喜欢贴的“福”字，就属于这种“斗斤”。

春节贴“福”字，是我国民间由来已久的风俗。据《梦粱录》记载：“岁旦在迩，席铺百货，画门神桃符，迎春牌儿……士庶家不论大小，俱洒扫门闾，去尘秽，净庭户，换门神，挂钟馗，钉桃符，贴春牌，祭祀祖宗。”文中的“贴春牌”即是写在红纸上的“福”字。“福”字代表的是“幸福”“福气”“福运”。民间还有将“福”字精描细作成各种图案的，图案有寿星、寿桃、鲤鱼跳龙门、五谷丰登、龙凤呈祥等。春节贴“福”字，无论是现在还是过去，都寄托了人们对幸福生活的向往，也是对美好未来的祝愿。

俗话说：“一年之计在于春。”我国人民自古就有乐观的思维观念，寄希望于未来，祈盼未来会给自己带来好运。无论在过去的一年里有什么高兴、得意的事，还是有什么不如意的事，总是希望未来的一年过得更好，因此在新春即将到来之时，贴春联恰好是表达这种美好愿望的最佳选择。人们借助于春联表达对即将过去的一年的欣喜和幸福的心境，或者表达对新的一年的期盼与厚望。在人们的传统观念里，一年中有个好的开端是最惬意的事、最吉利的事。

过去民间有“腊月二十四，家家写大字”的说法，随着中国传统文化的复兴，过年写春联已经成为一种时尚。中国人过春节讲究喜庆、吉利、热闹，吃好的、喝好的、穿新衣、放鞭炮、走亲访友等，这都是喜庆心理的反映，而贴春联恰恰是强化人们的喜庆心理和渲染气氛的一种外在手段。

我们在这里呈献给大家的新书《过年写春联》共四册，收录了三百余副广大人民群众喜闻乐见的春联，并邀请著名青年书法家杨华（楷书）、范彦奎（行书）、王应科（隶书）、陈泓凌（篆书）分别用四种字体精彩演绎。希望这套书能为中国传统的春节文化增添一笔浓重的“中国红”。

杨　华

2017年10月18日

目录

44	45	46	47	48	49	50	51	52
一年四季行好运 八方财宝进家门	虎气频催翻旧景 春风浩荡著新篇	春风得意财源广 和气致祥家业兴	春风堂上初来燕 细雨庭前新种花	玉海金涛千里秀 绿树红楼万户春	龙腾华夏开新运 鹊上枝头报福音	天增岁月人增寿 春满乾坤福满门	民安国泰逢盛世 风调雨顺颂华年	顺风顺水顺人意 得财得利得万福
53	54	55	56	57	58	59	60	61
三阳开泰财源广 六合荣春生意兴	宏图大展前程远 吉星高照事业兴	门迎百福福星照 户纳千祥祥云开	财喜两旺家和睦 富贵双全人吉祥	迎春迎喜迎富贵 接财接福接平安	喜居宝地千年旺 福照家门万事兴	梅花带雪飞琴上 柳色和烟入酒中	福星高照全家福 春水长流遍地春	龙飞凤舞山川秀 燕语莺歌甲第新
62	63	64	65	66	67	68	69	70
合家和顺常纳福 满堂兴旺永吉祥	和气盈门迎瑞气 春光满眼映文光	怀若竹虚临曲水 气如兰静在春风	生意恰如春光美 财源更比水流长	春风杨柳鸣金马 晴雪梅花照玉堂	春到堂前增瑞气 日临庭上起祥光	和顺一门添百福 平安二字值千金	辞旧岁事泰辉煌 迎新春江山锦绣	华夏有天皆丽日 神州无处不春风
71	72	73	74	75	76	77	78	79
门迎晓日财源广 户纳春风吉庆多	竹林酌酒云间露 木笔书春天上花	三春大地回元气 一统山河际太平	财发如春多得意 福来似海正逢时	一门天赐平安福 四海人同富贵春	一年好景随春到 四季财源顺时来	旭日出东方光弥宇宙 百花开大地春满人间	瑞气满神州青山不老 春风吹大地绿水长流	瑞雪伴青松江山如画 和风拂翠柳祖国皆春
80	81	82	83	84	85	86~88	89~90	
东风引紫气江山壮丽 大地发春华桃李芬芳	春风浩荡山河添锦绣 华夏欢腾东风舞祥云	福光高照花红柳绿春不老 乐事亨通物阜家丰岁常新	千古江山增秀色春光临阶 万家人面映桃花喜气满堂	翠竹青松万里山河皆春色 红霞丽日九州天宇尽朝晖	百福骈臻鱼跃鸟飞财进室 千祥云集水流花放福临门	横批	福、禄、寿、禧	

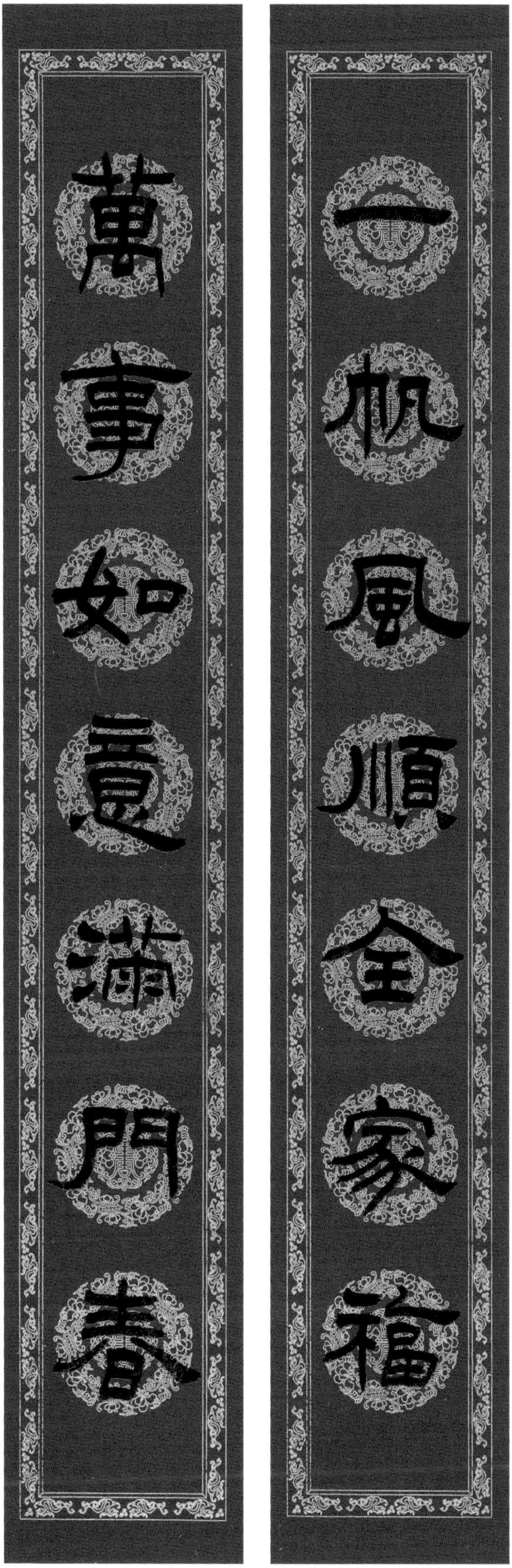

一帆风顺全家福
万事如意满门春

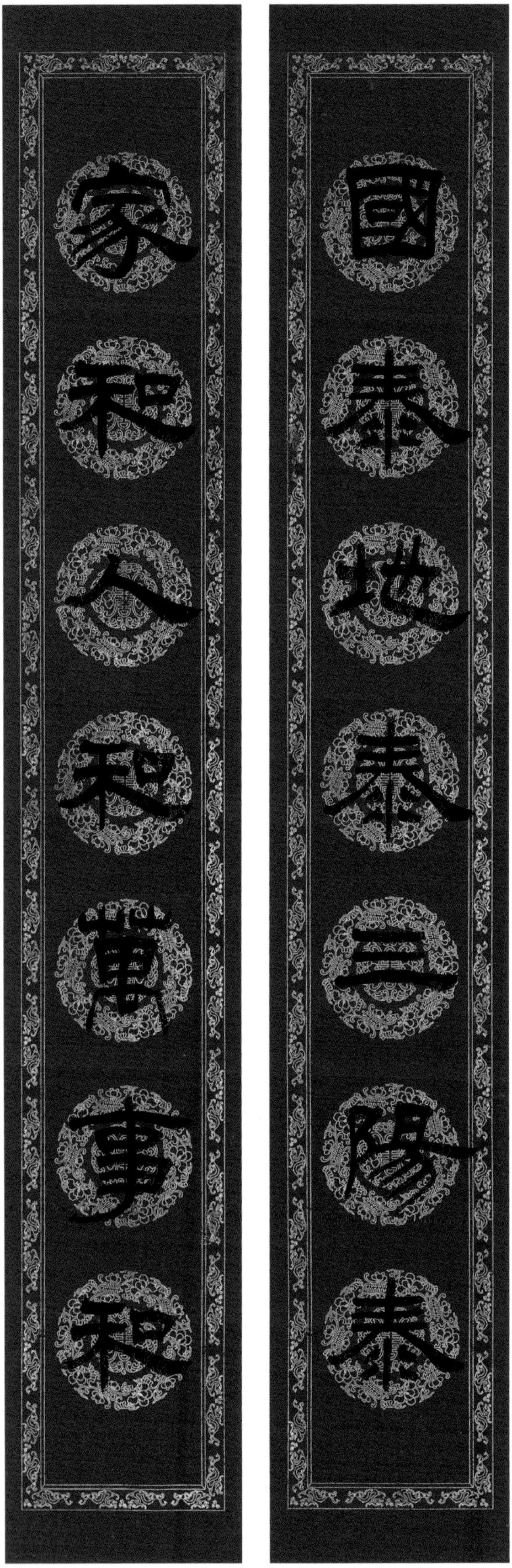

国泰地泰三阳泰
家和人和万事和

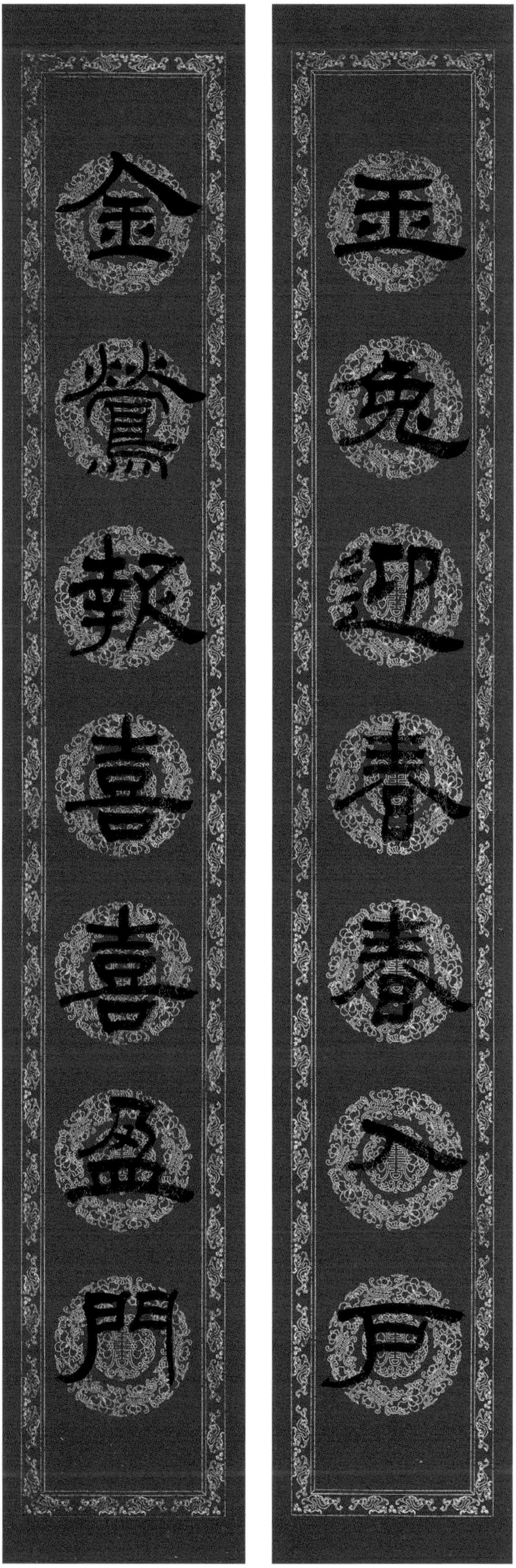

玉兔迎春春入户
金莺报喜喜盈门

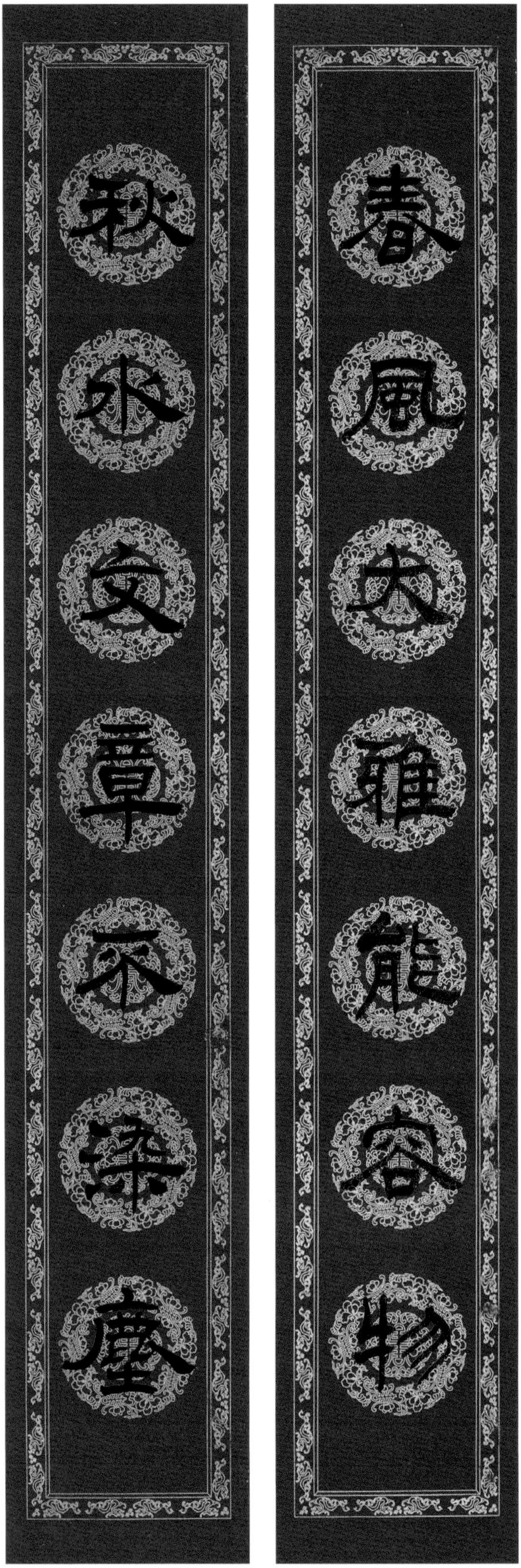

春风大雅能容物

秋水文章不染尘

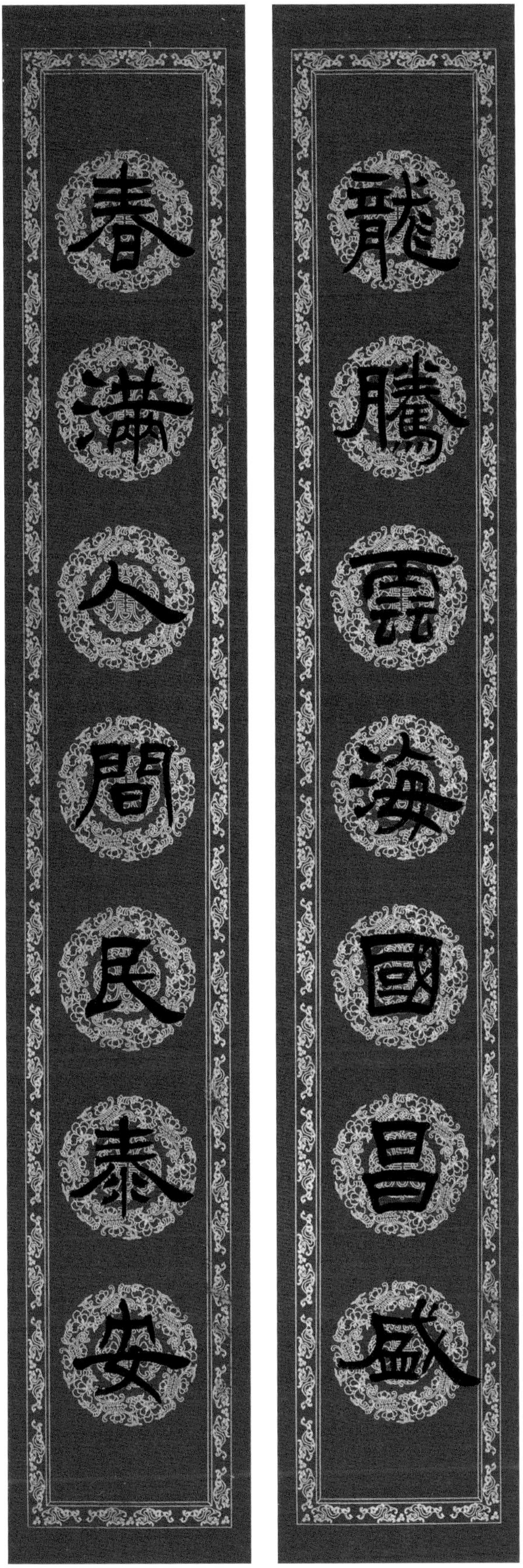

龙腾云海国昌盛
春满人间民泰安

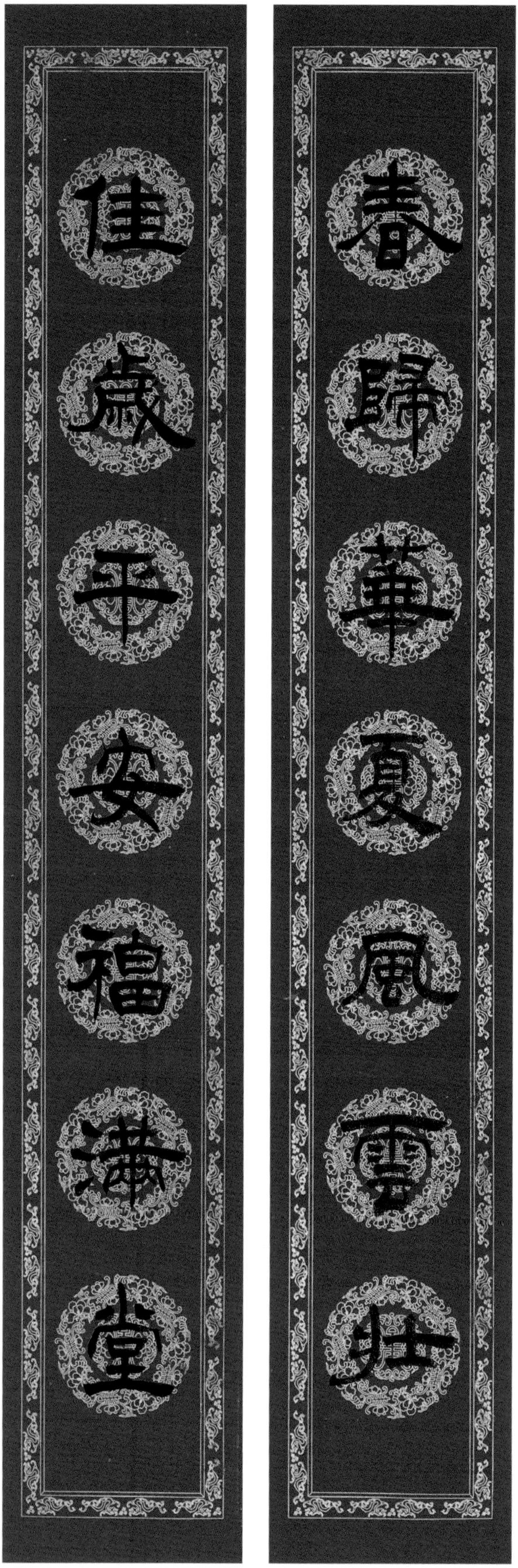

春归华夏风云壮
佳岁平安福满堂

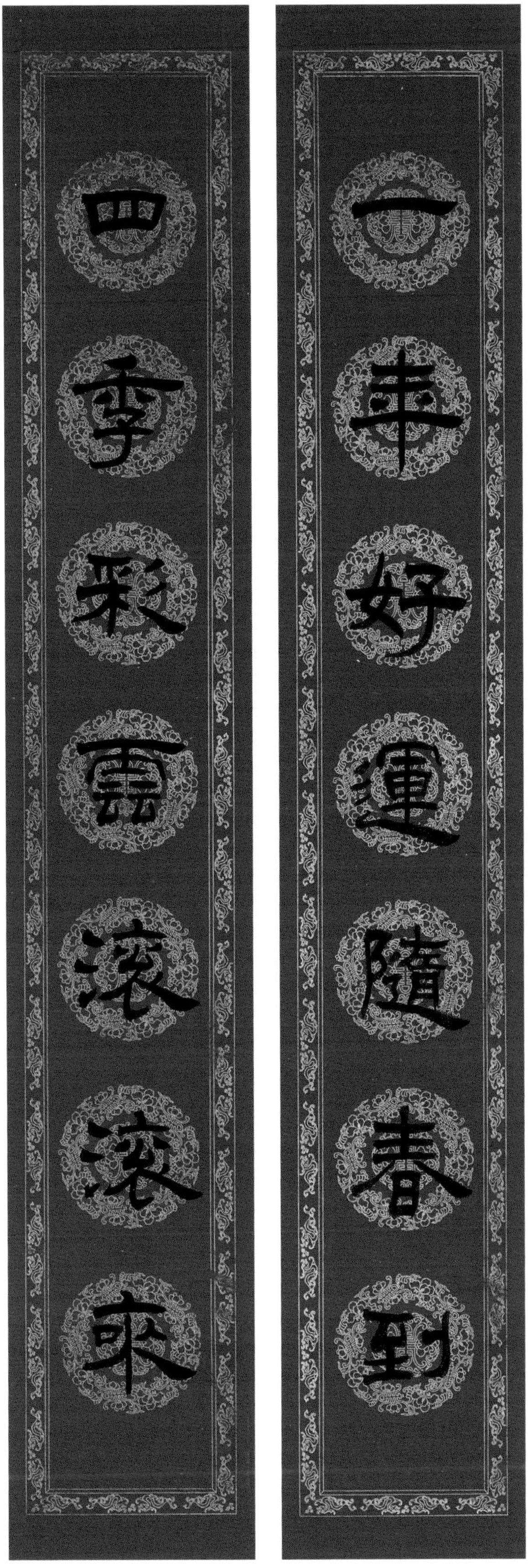

一年好运随春到
四季彩云滚滚来

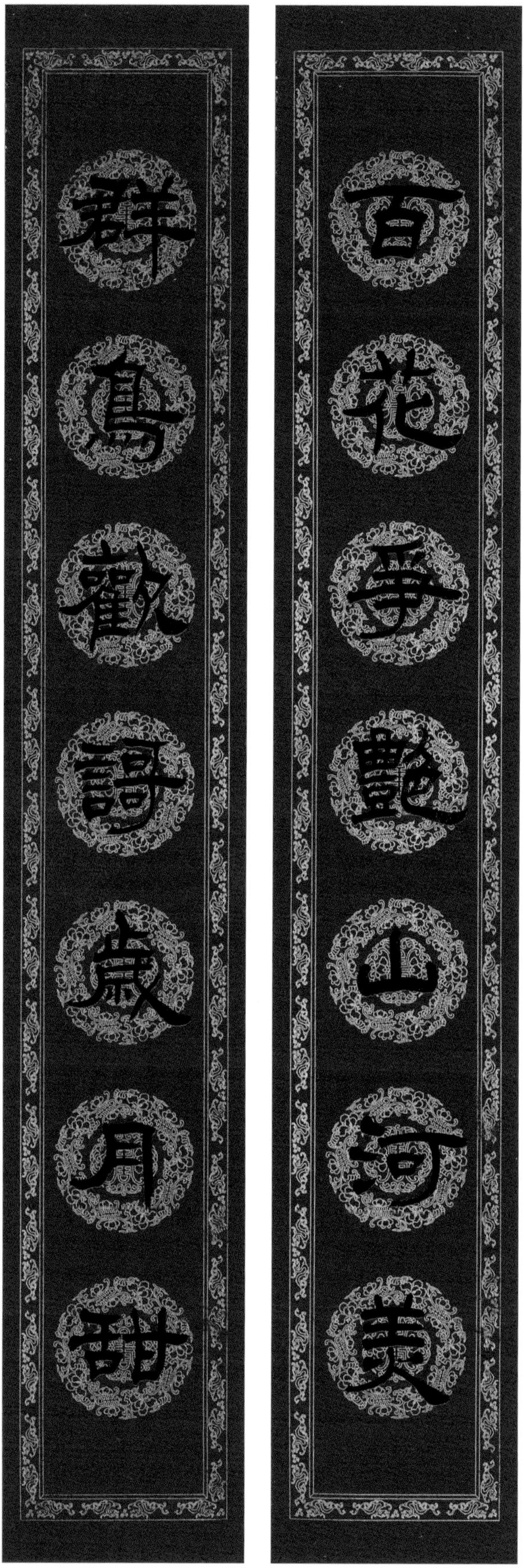

百花争艳山河美
群鸟欢歌岁月甜

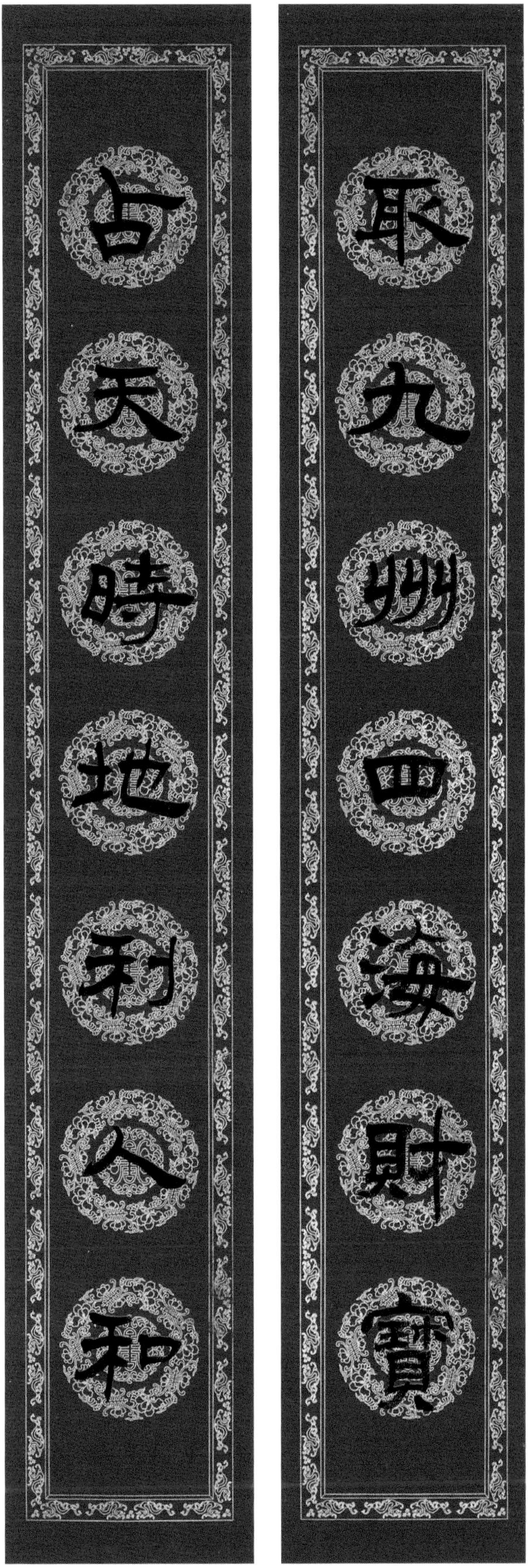

取九州四海财宝
占天时地利人和

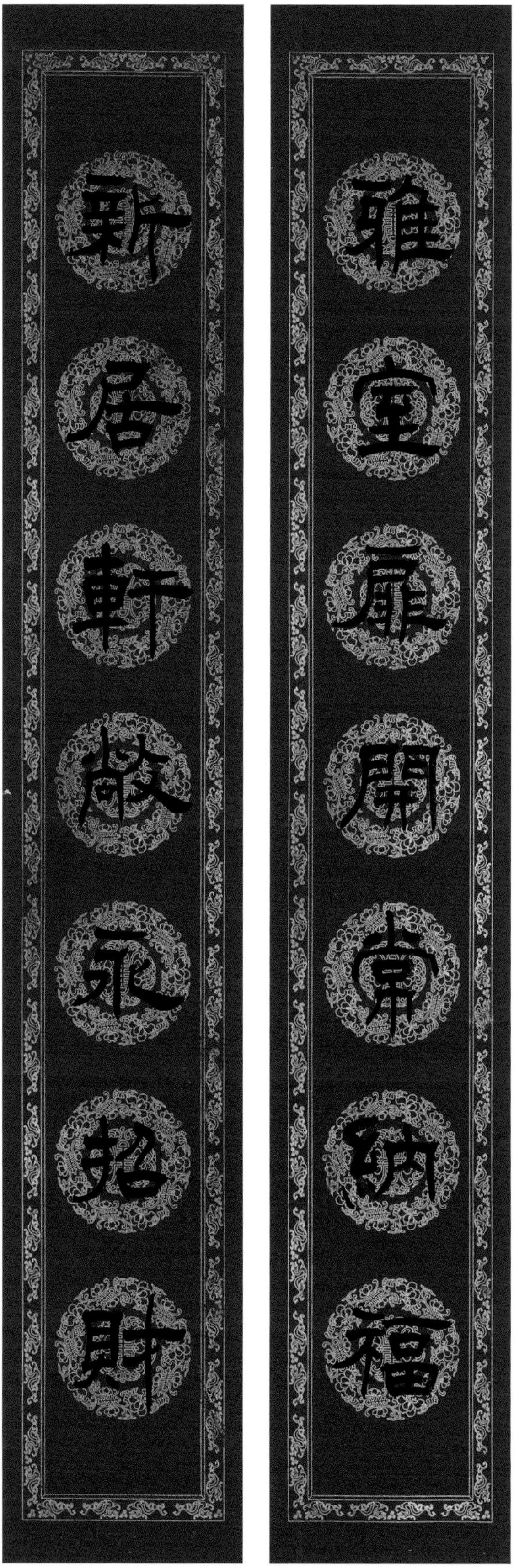

雅室扉开常纳福
新居轩敞永招财

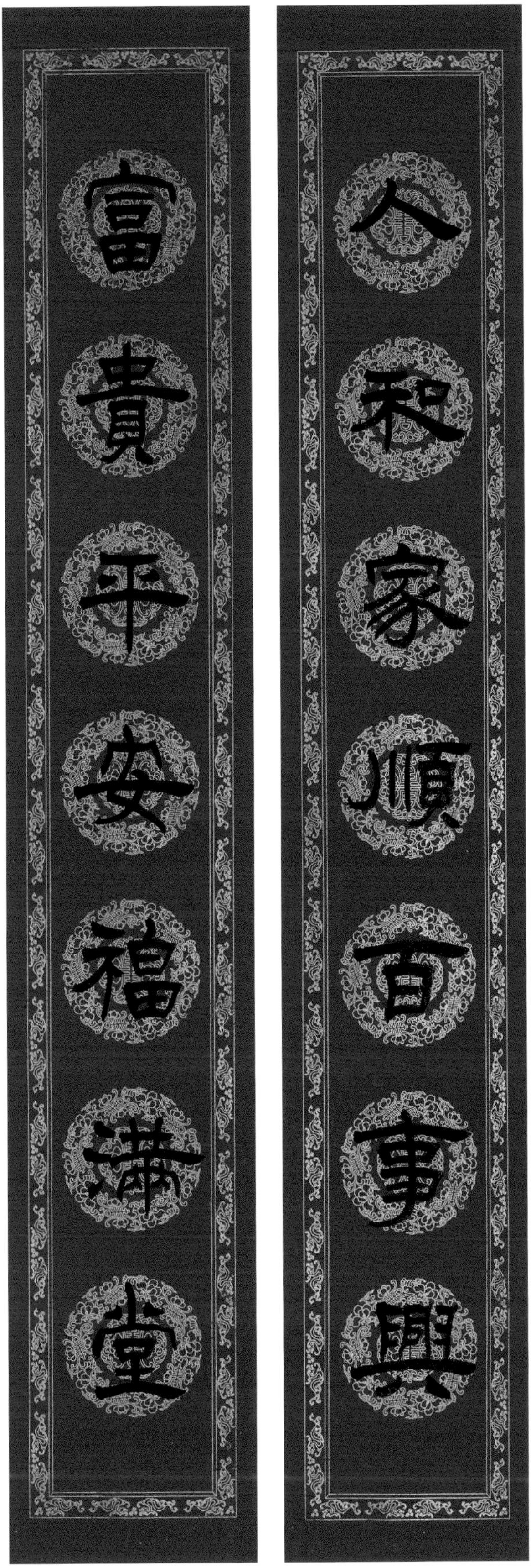

人和家顺百事兴
富贵平安福满堂

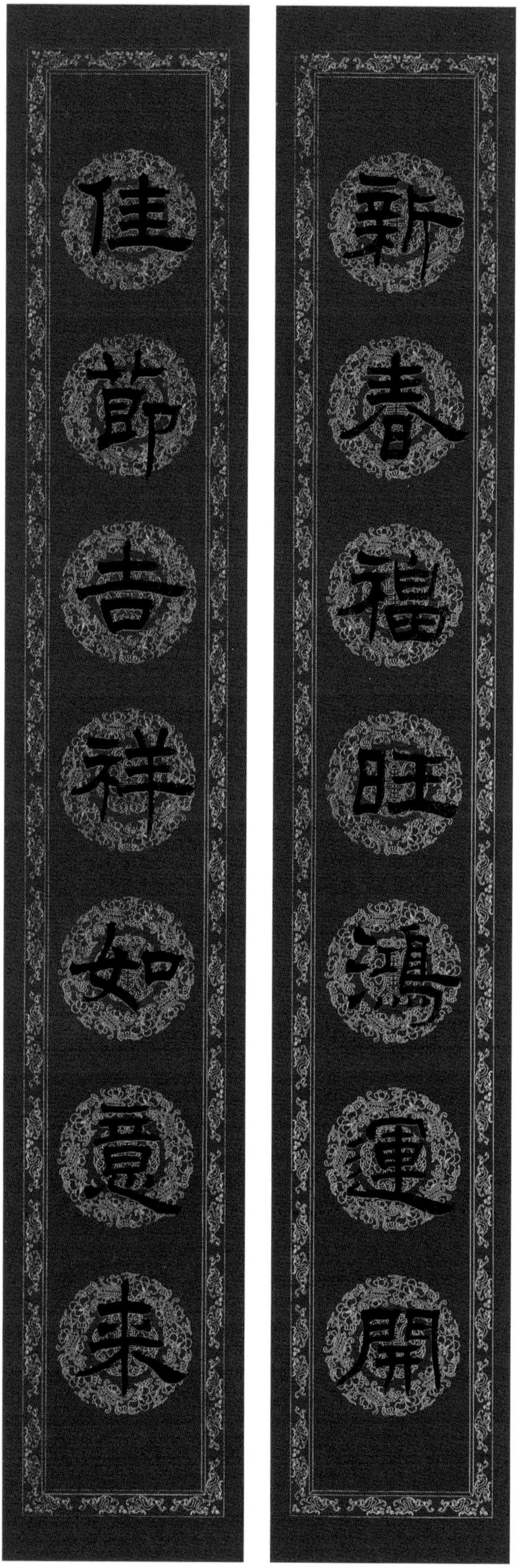

新春福旺鸿运开
佳节吉祥如意来

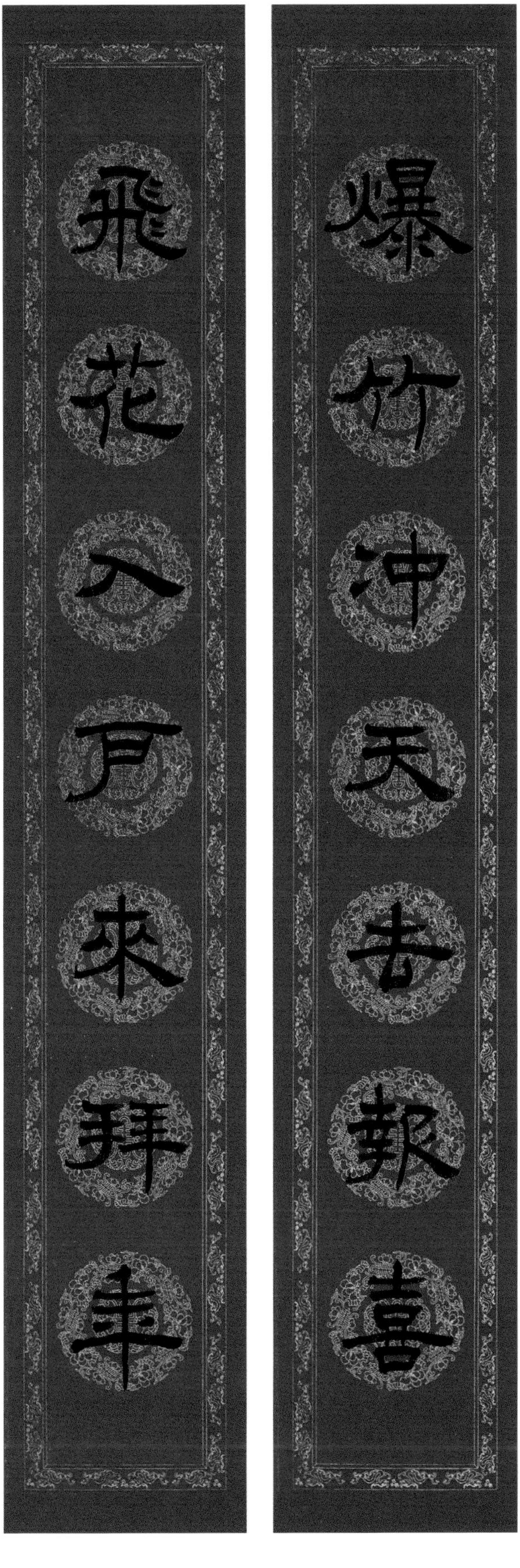

爆竹冲天去报喜
飞花入户来拜年

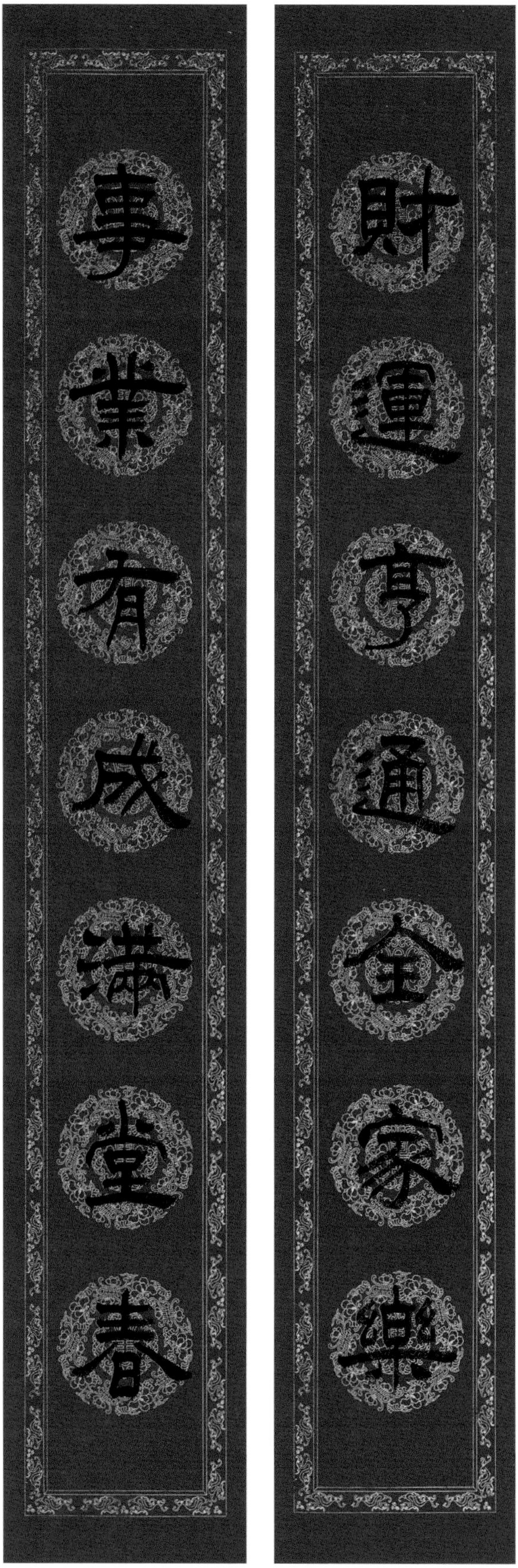

财运亨通全家乐
事业有成满堂春

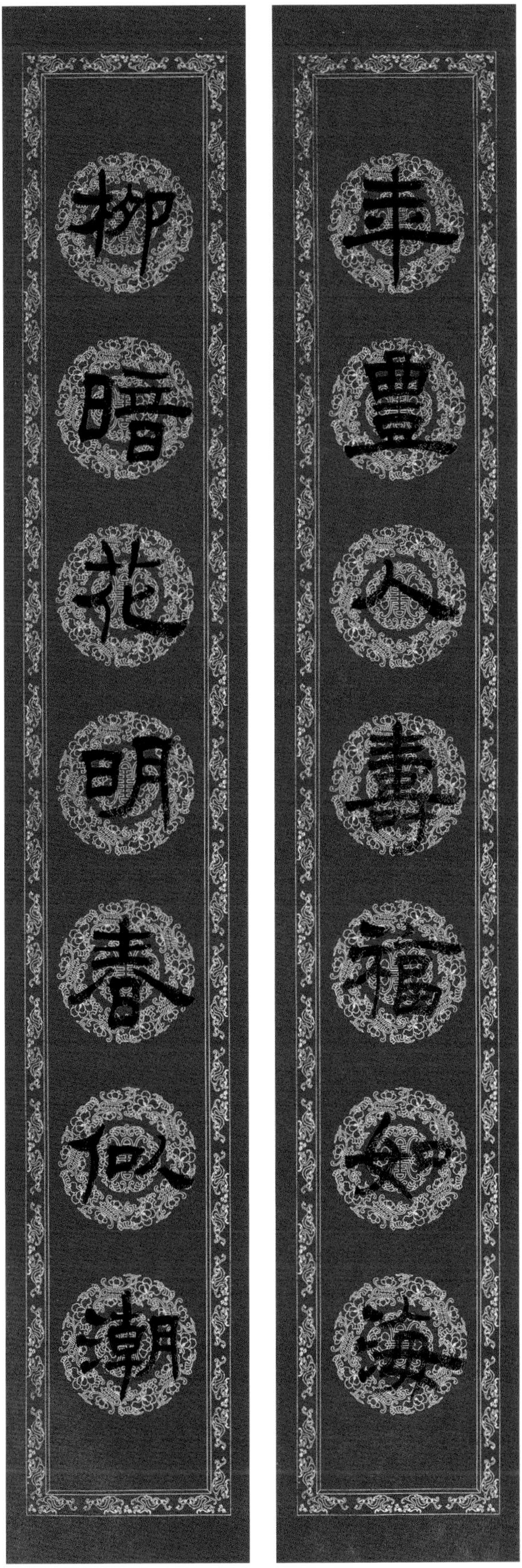

年丰人寿福如海
柳暗花明春似潮

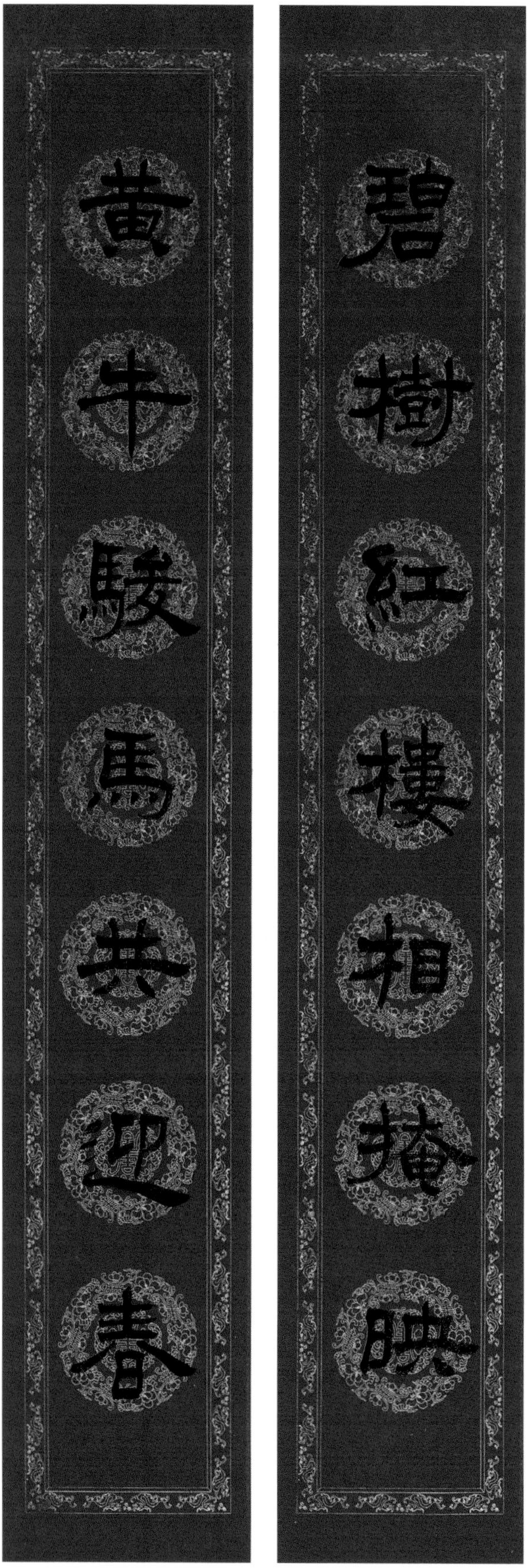

碧树红楼相掩映
黄牛骏马共迎春

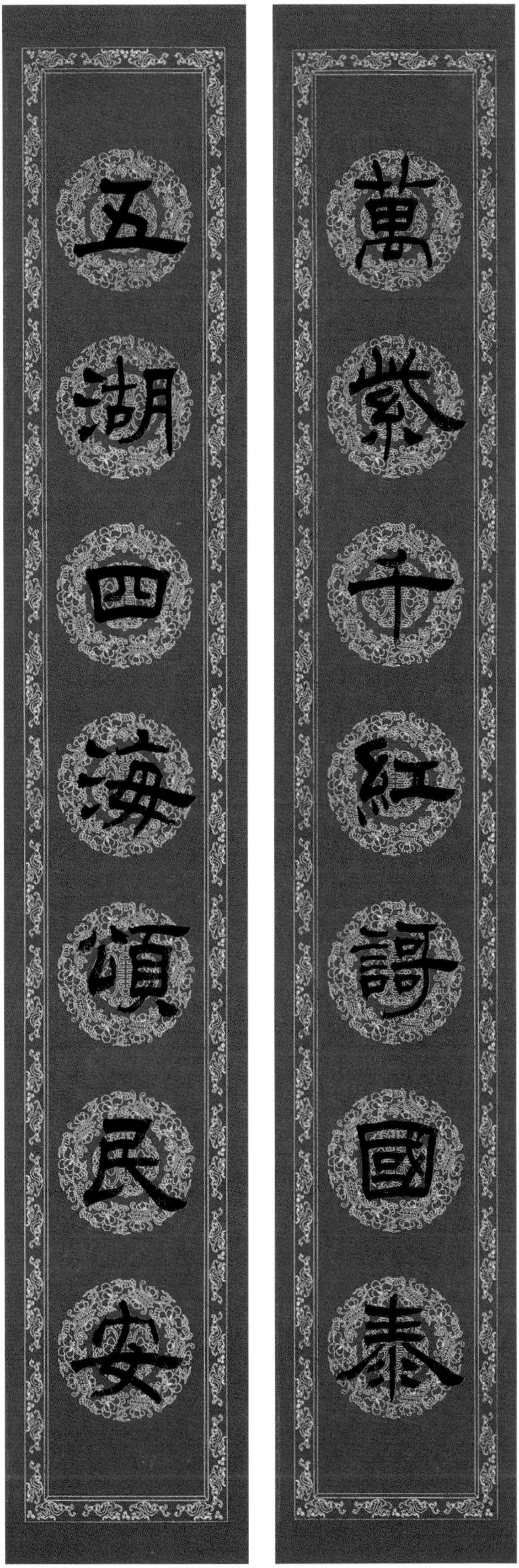

万紫千红歌国泰
五湖四海颂民安

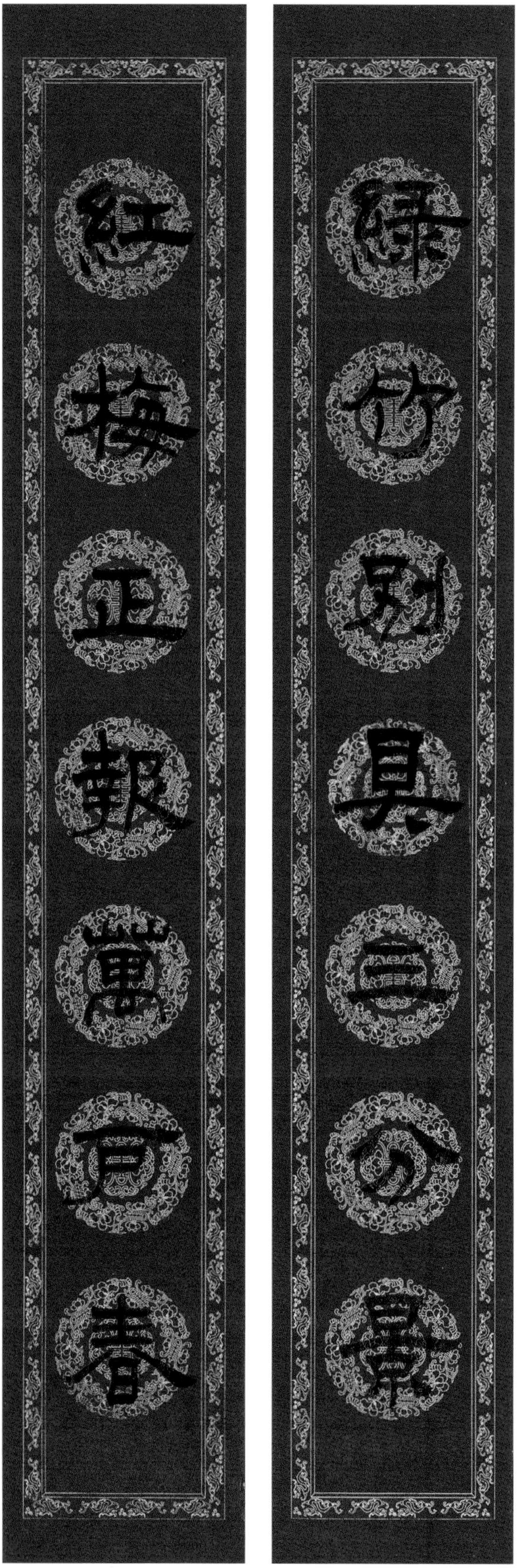

绿竹别具三分景
红梅正报万户春

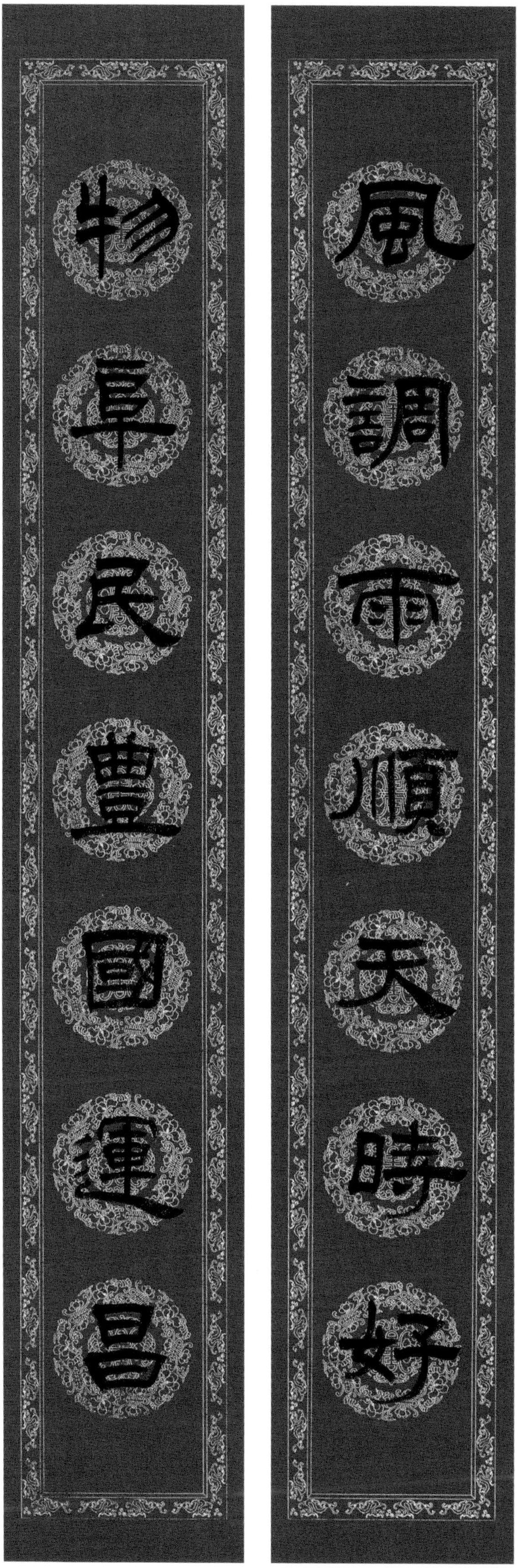

风调雨顺天时好
物阜民丰国运昌

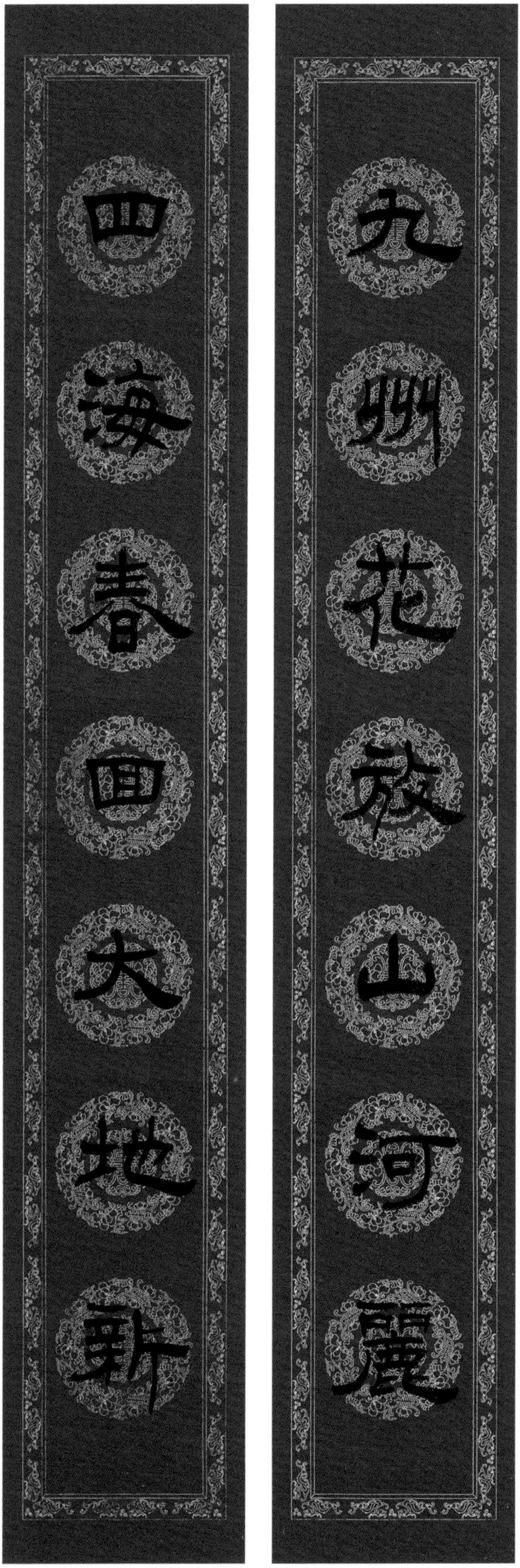

九州花放山河丽
四海春回大地新

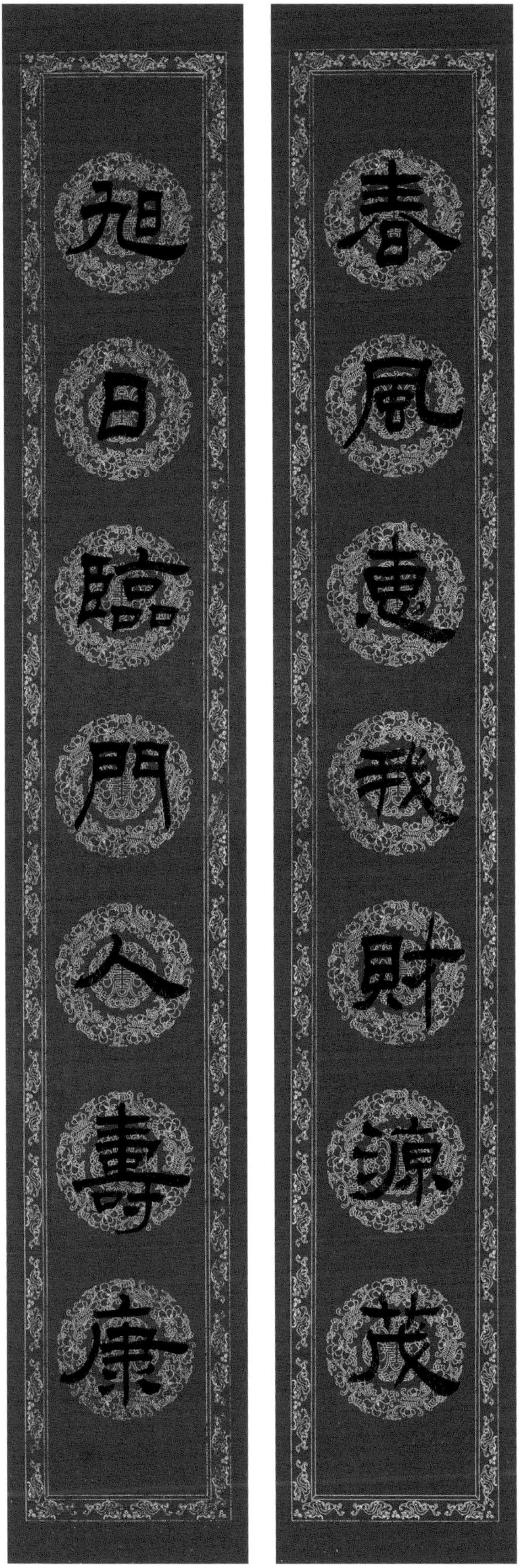

春风惠我财源茂
旭日临门人寿康

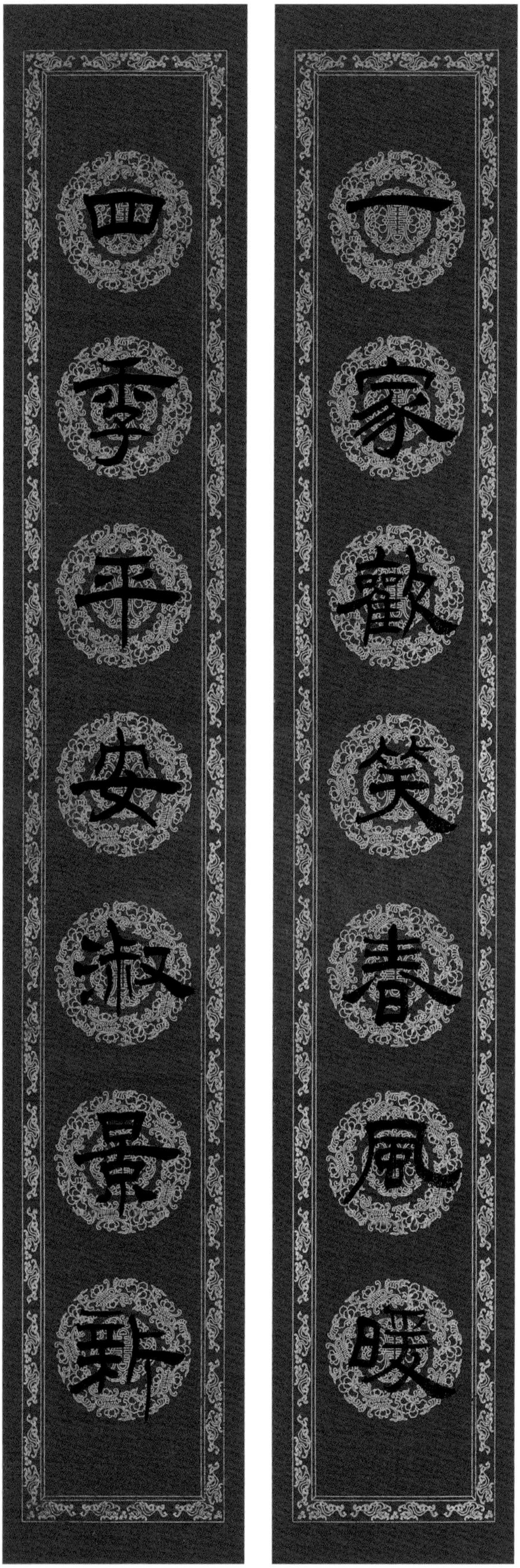
一家歡笑春風暖
四季平安淑景新

一家欢笑春风暖
四季平安淑景新

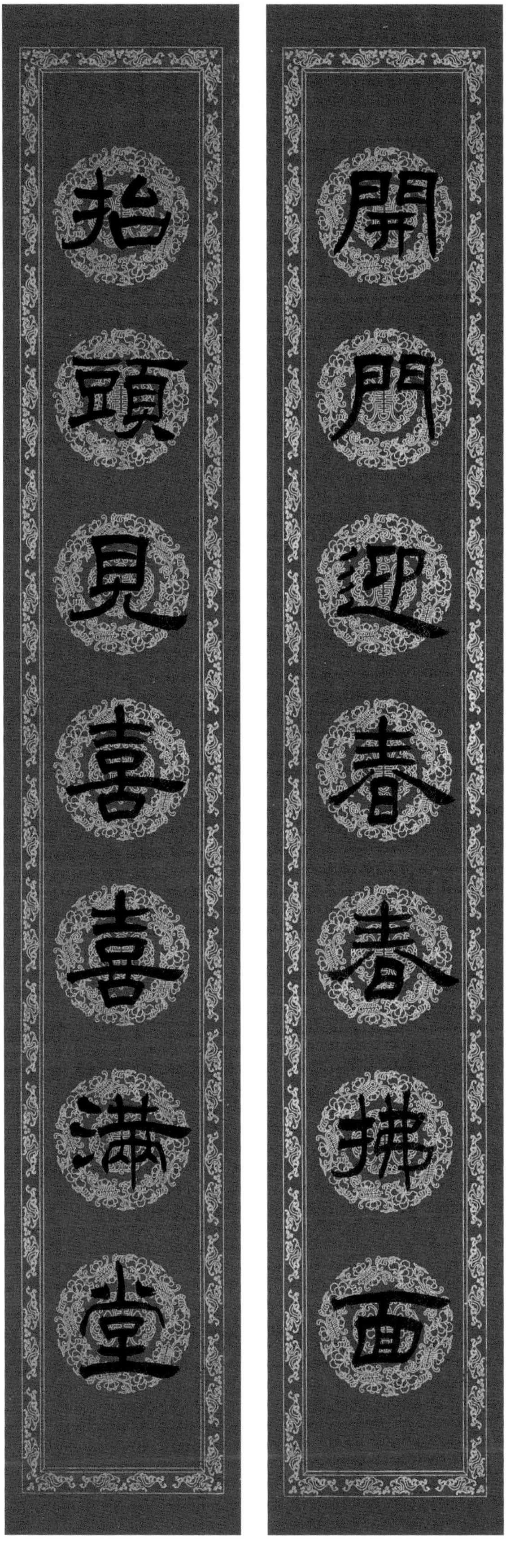

开门迎春春拂面
抬头见喜喜满堂

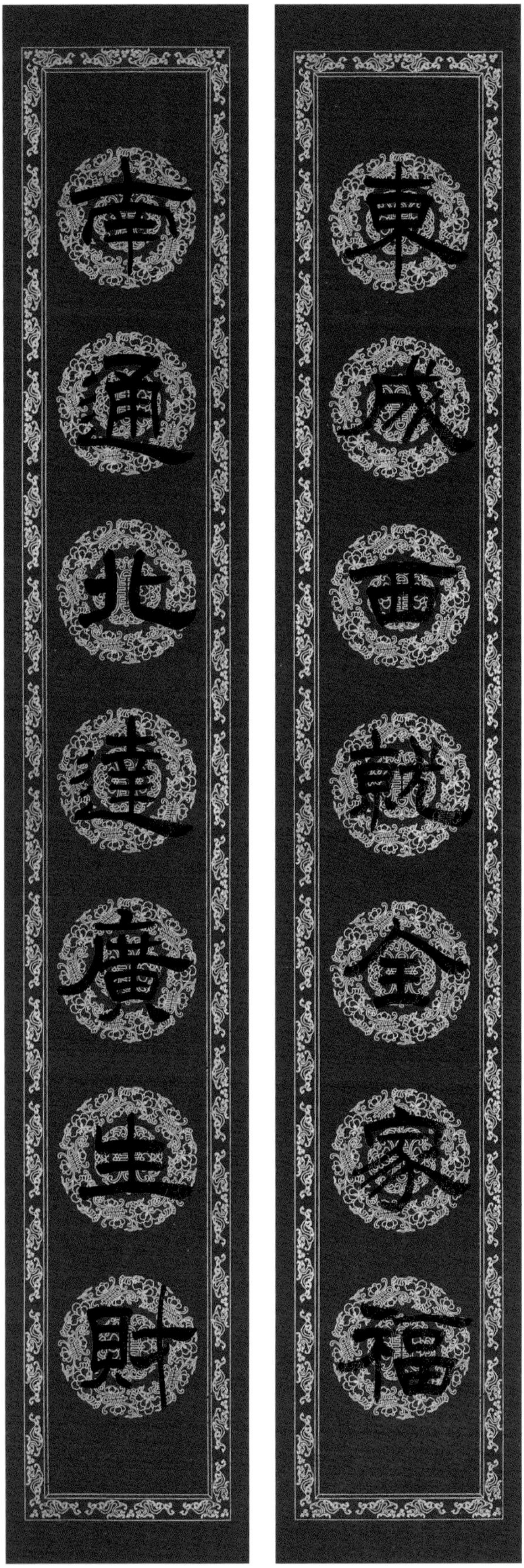

东成西就全家福
南通北达广生财

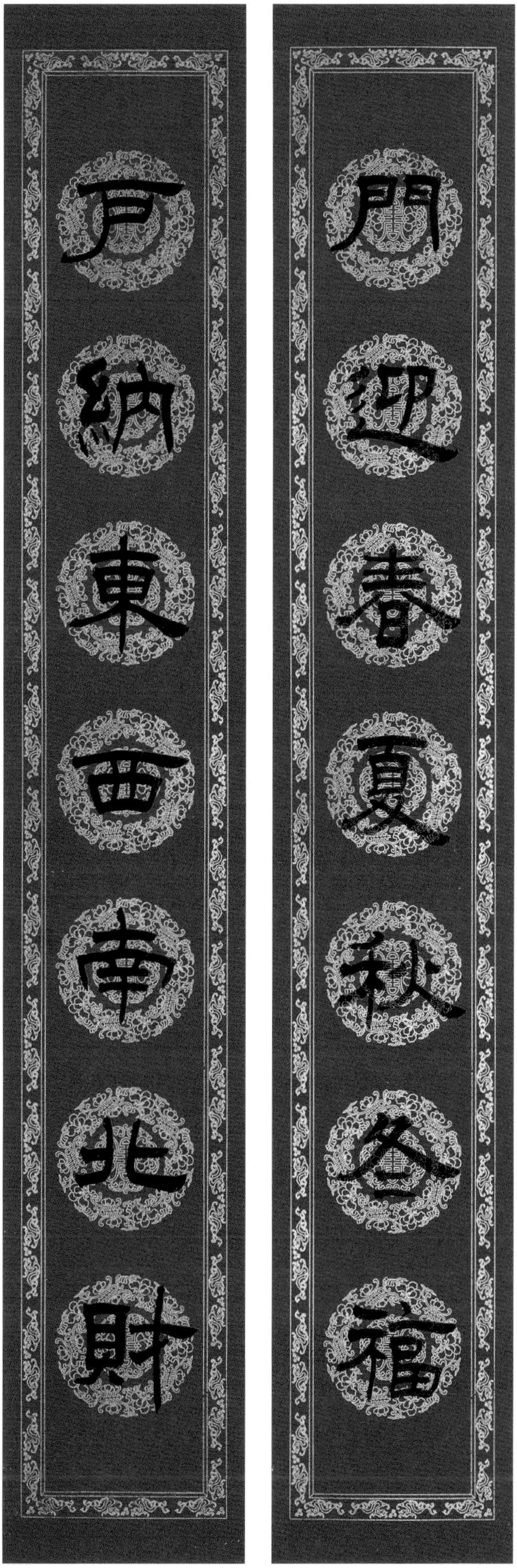

门迎春夏秋冬福
户纳东西南北财

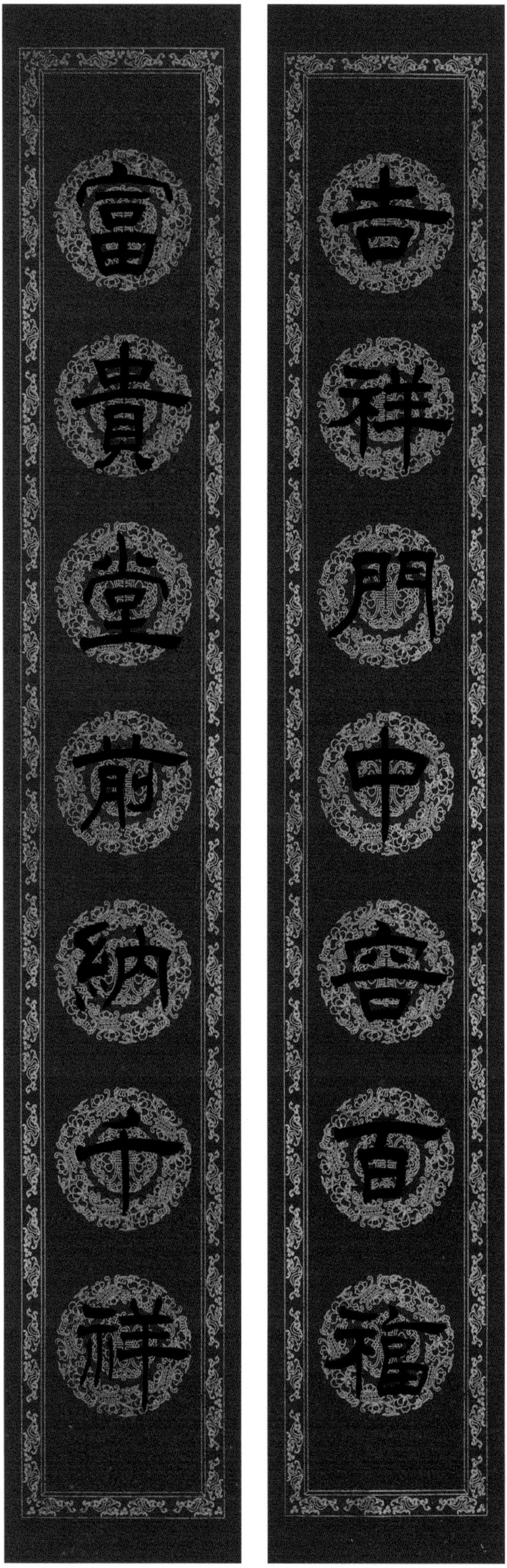

吉祥门中容百福
富贵堂前纳千祥

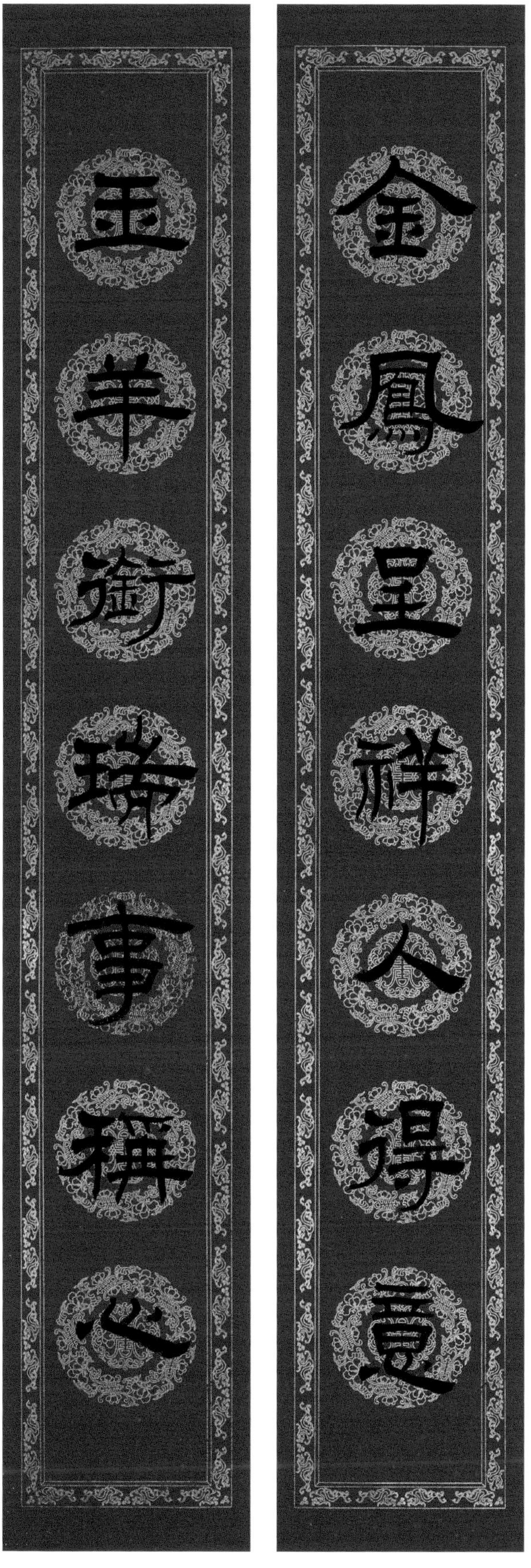

金凤呈祥人得意
玉羊衔瑞事称心

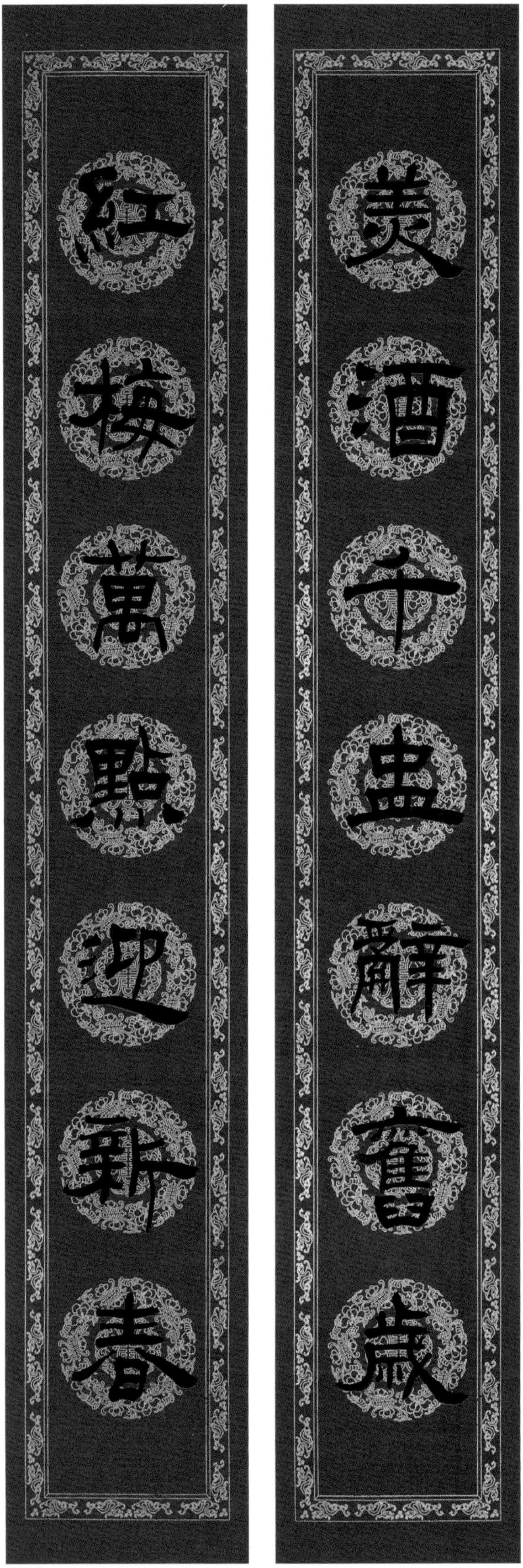

美酒千盅辞旧岁
红梅万点迎新春

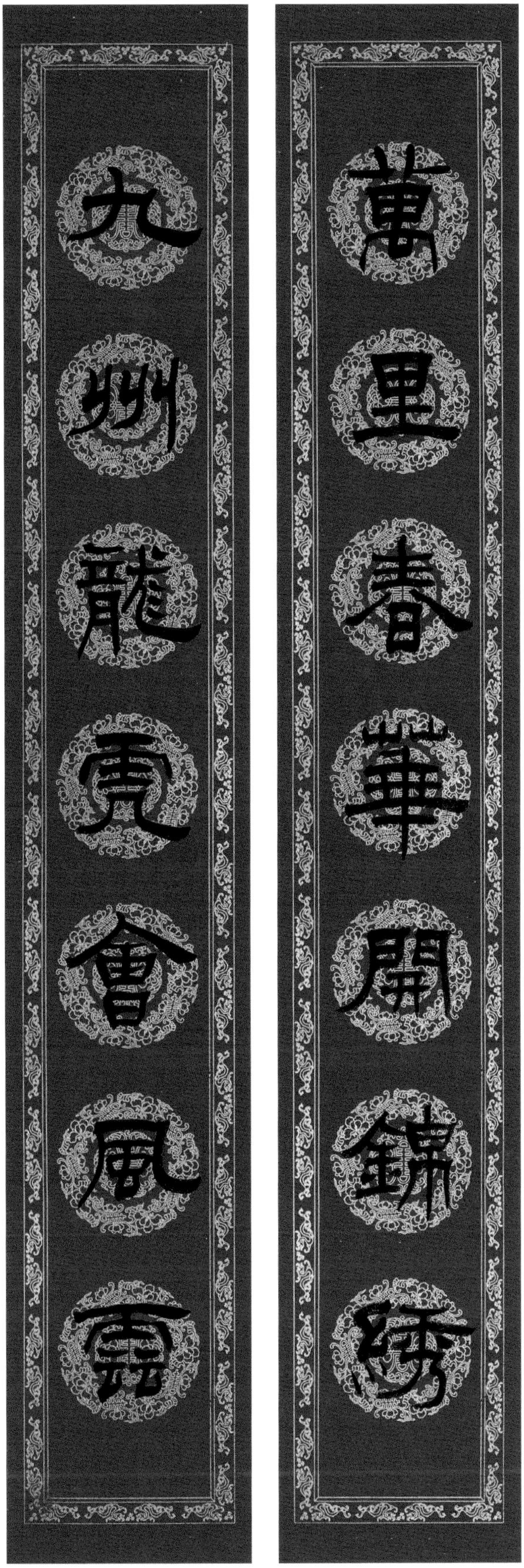

万里春华开锦绣
九州龙虎会风云

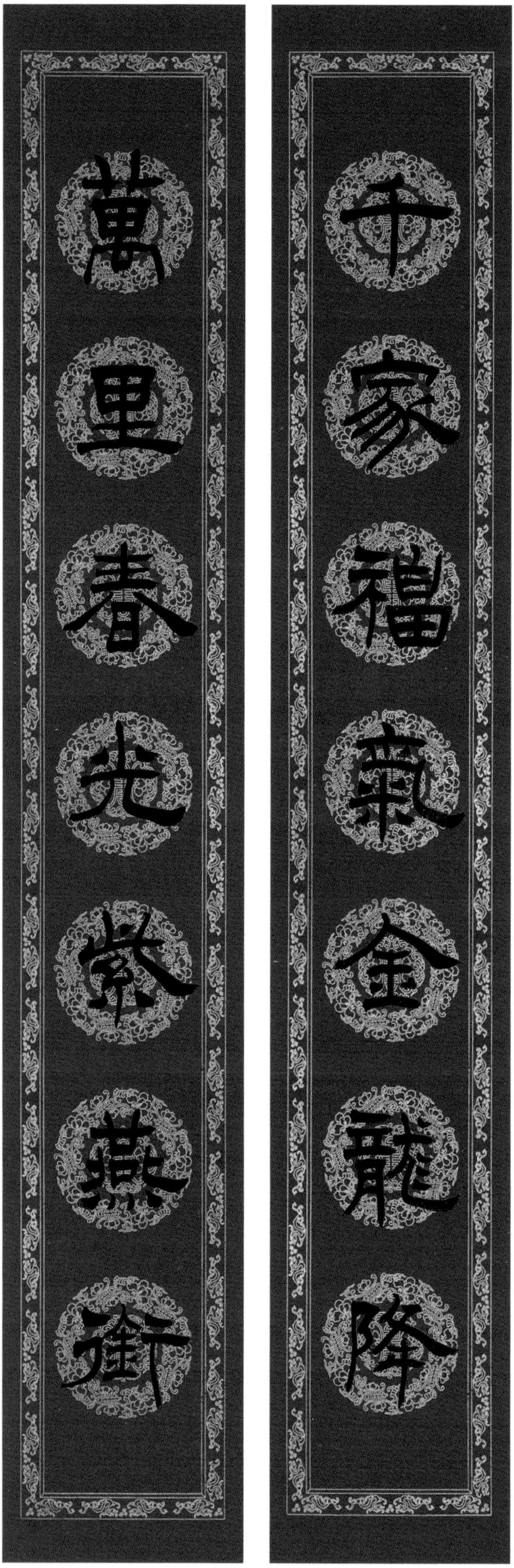

千家福气金龙降
万里春光紫燕衔

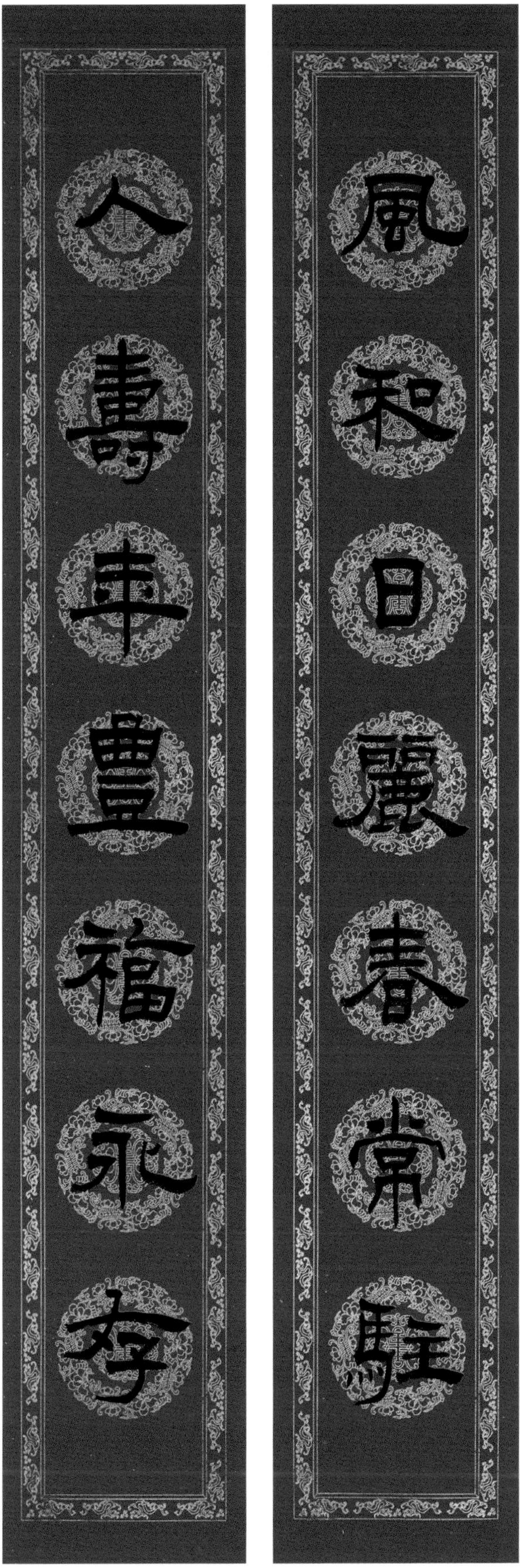

风和日丽春常驻
人寿年丰福永存

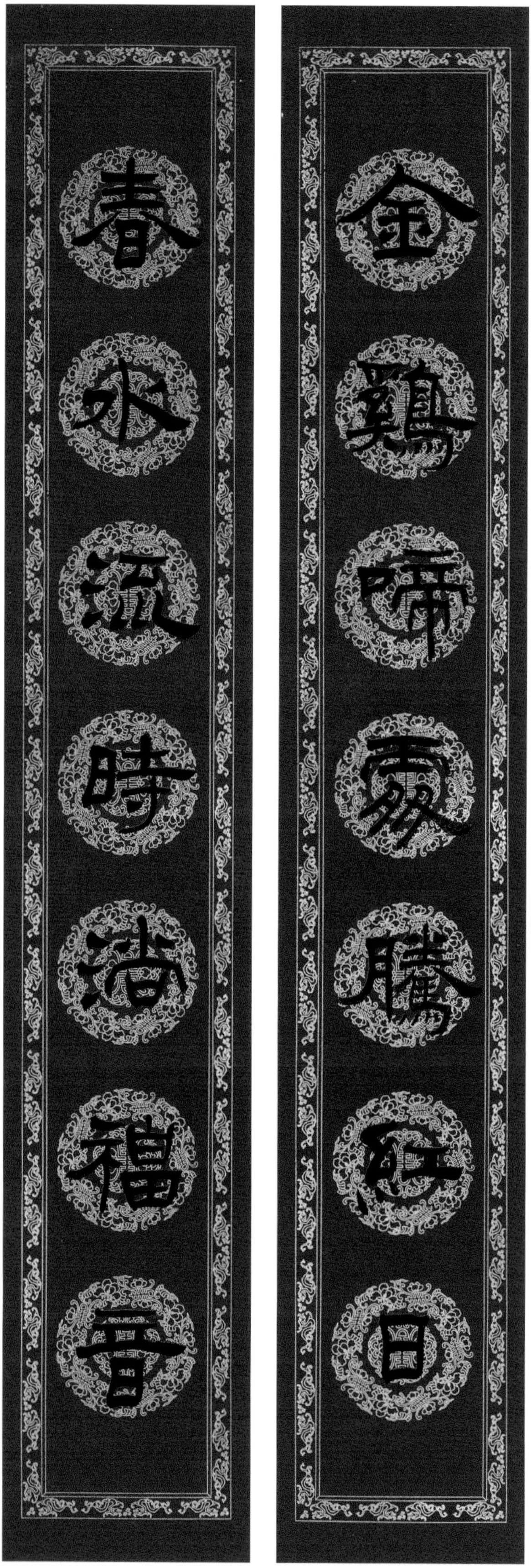

金鸡啼处腾红日
春水流时淌福音

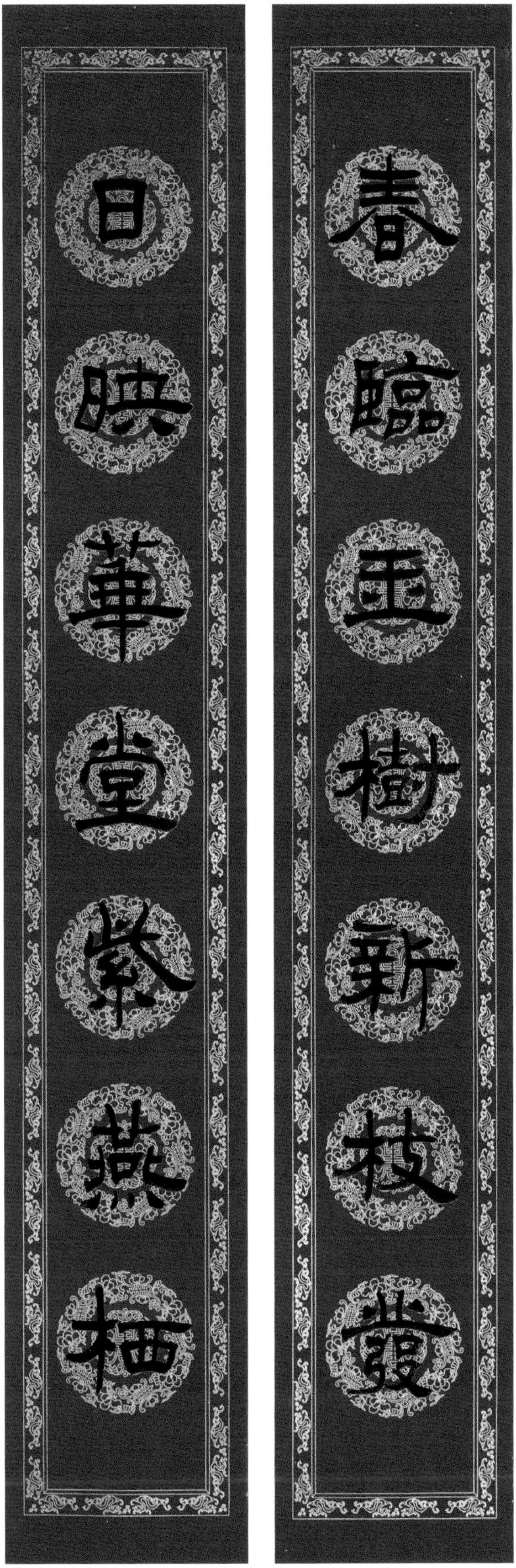

春临玉树新枝发
日映华堂紫燕栖

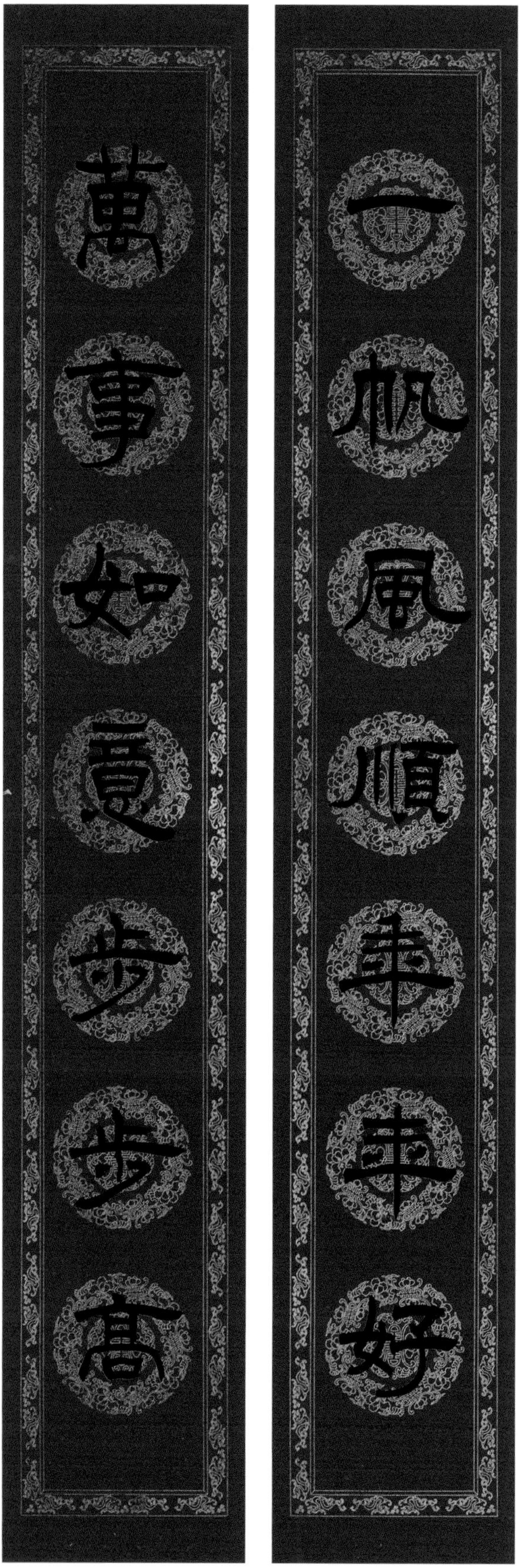

一帆风顺年年好
万事如意步步高

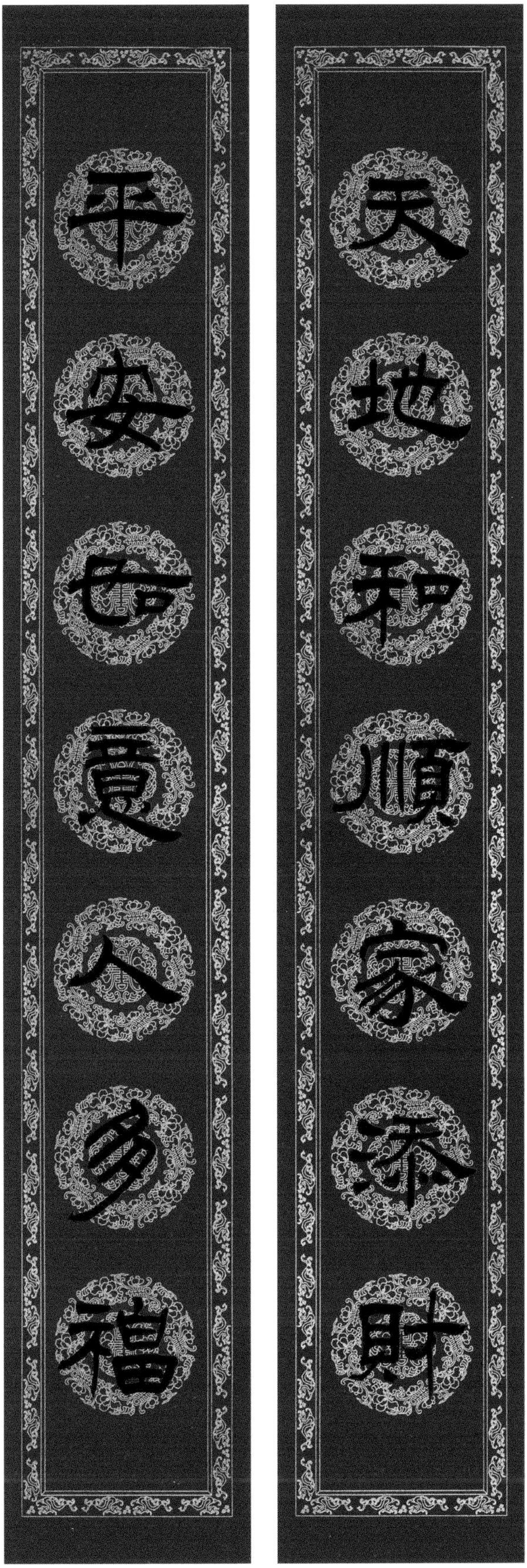

天地和顺家添财
平安如意人多福

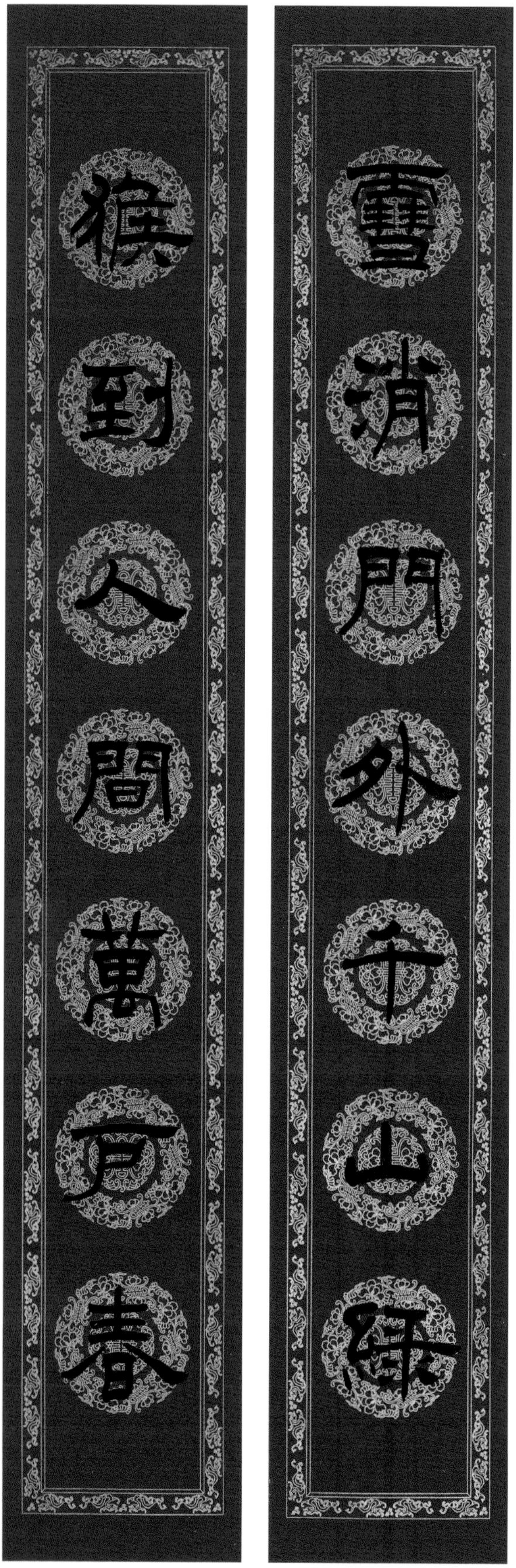

雪消门外千山绿
猴到人间万户春

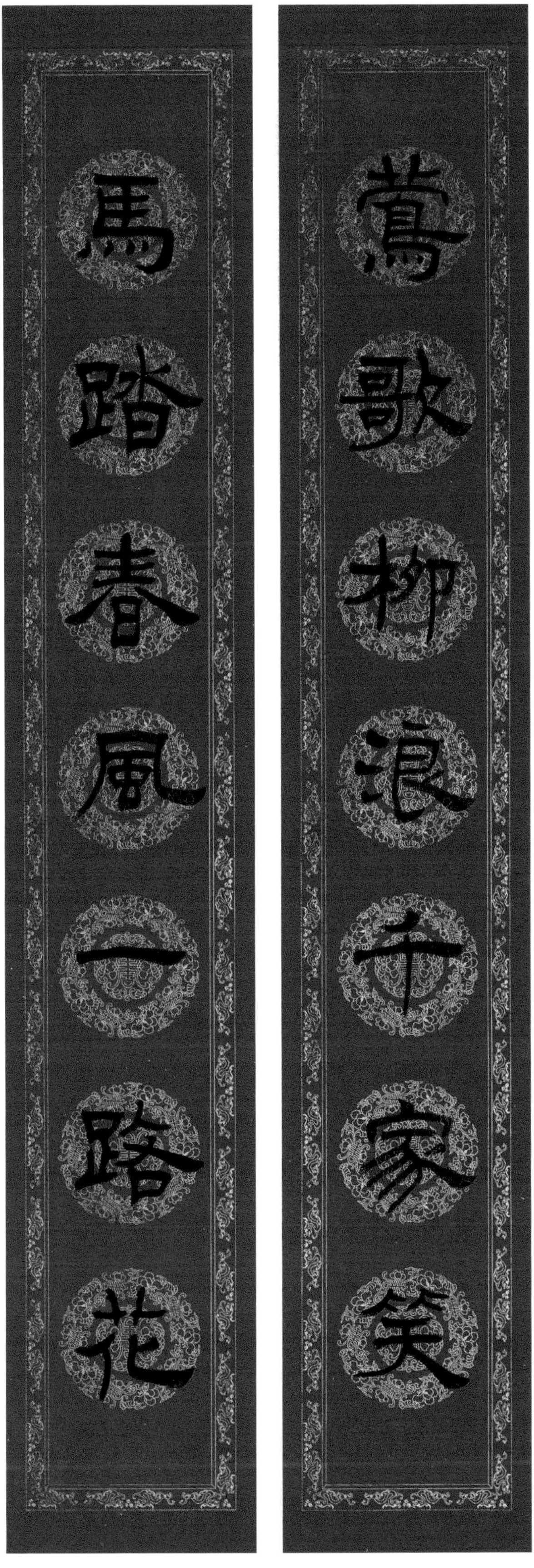

莺歌柳浪千家笑
马踏春风一路花

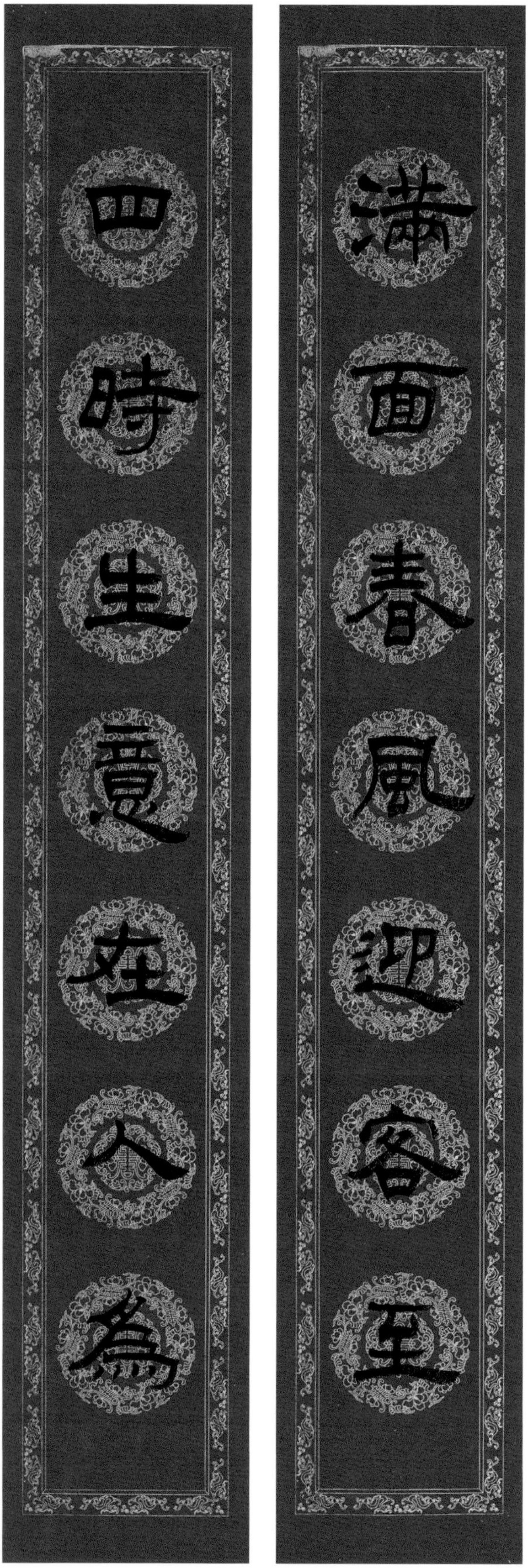

满面春风迎客至
四时生意在人为

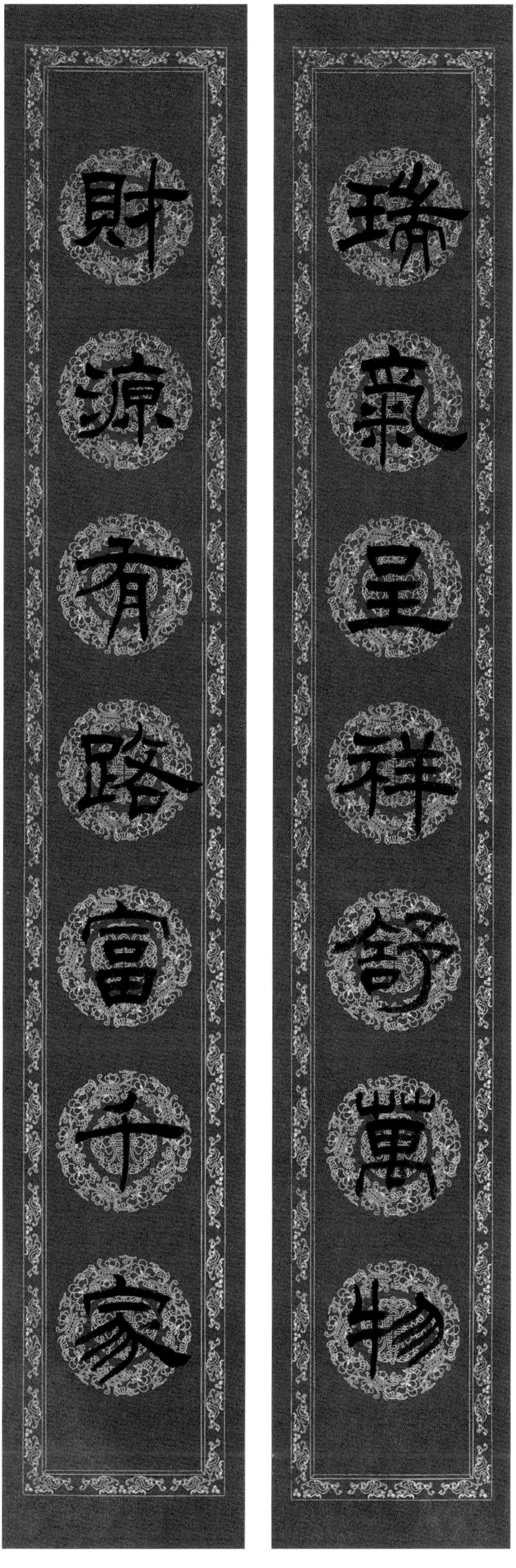

瑞气呈祥舒万物
财源有路富千家

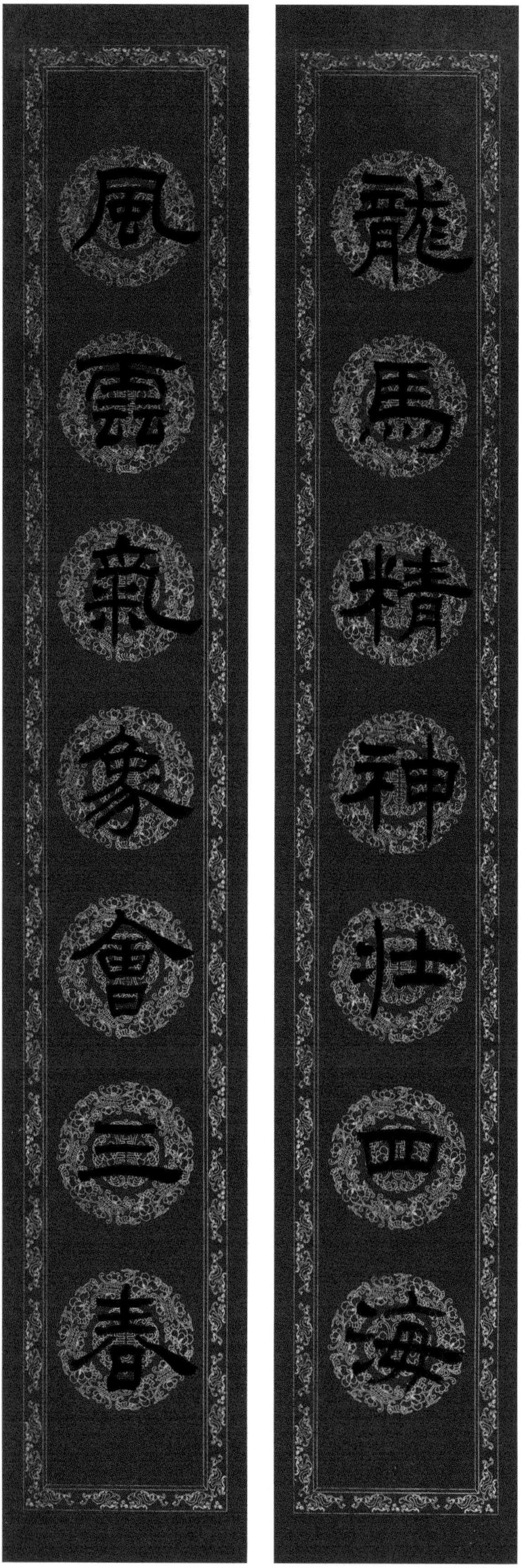

龙马精神壮四海
风云气象会三春

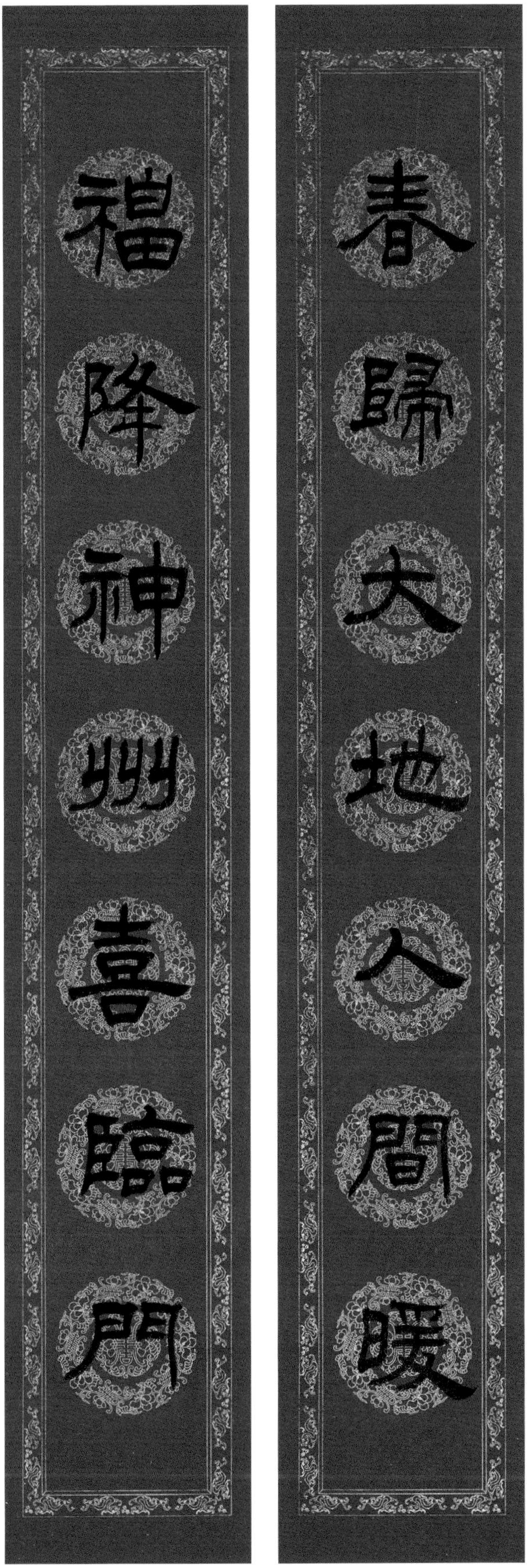

春归大地人间暖

福降神州喜临门

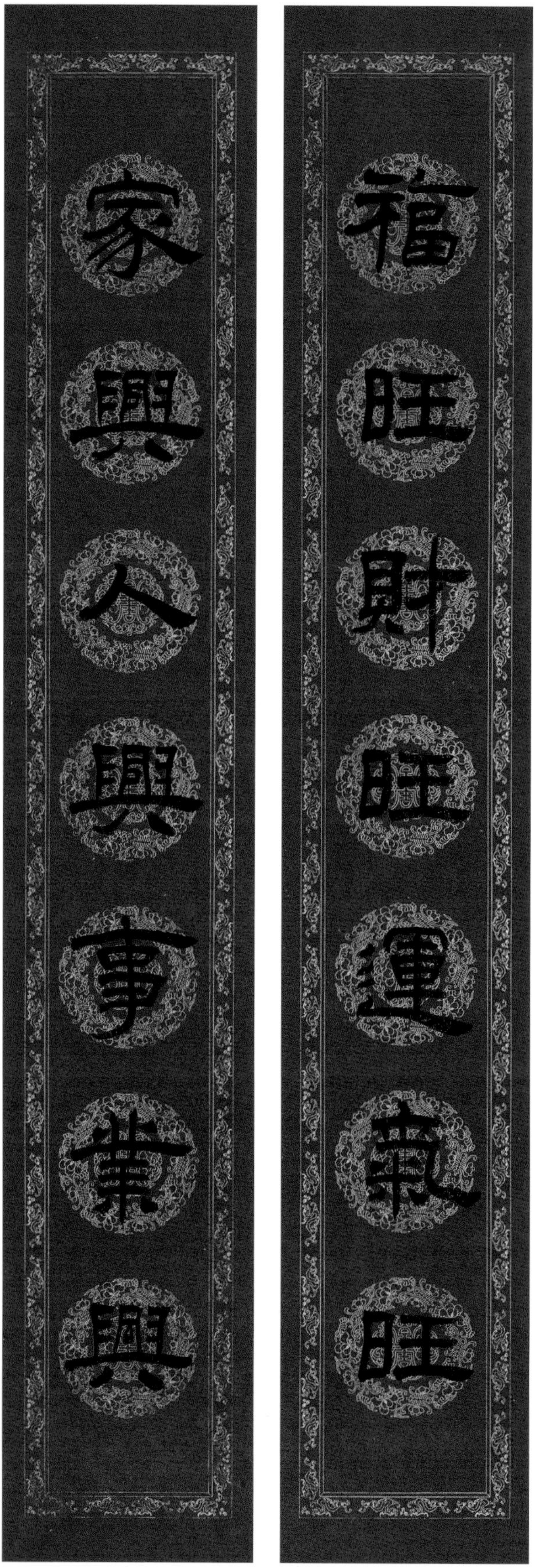

福旺财旺运气旺
家兴人兴事业兴

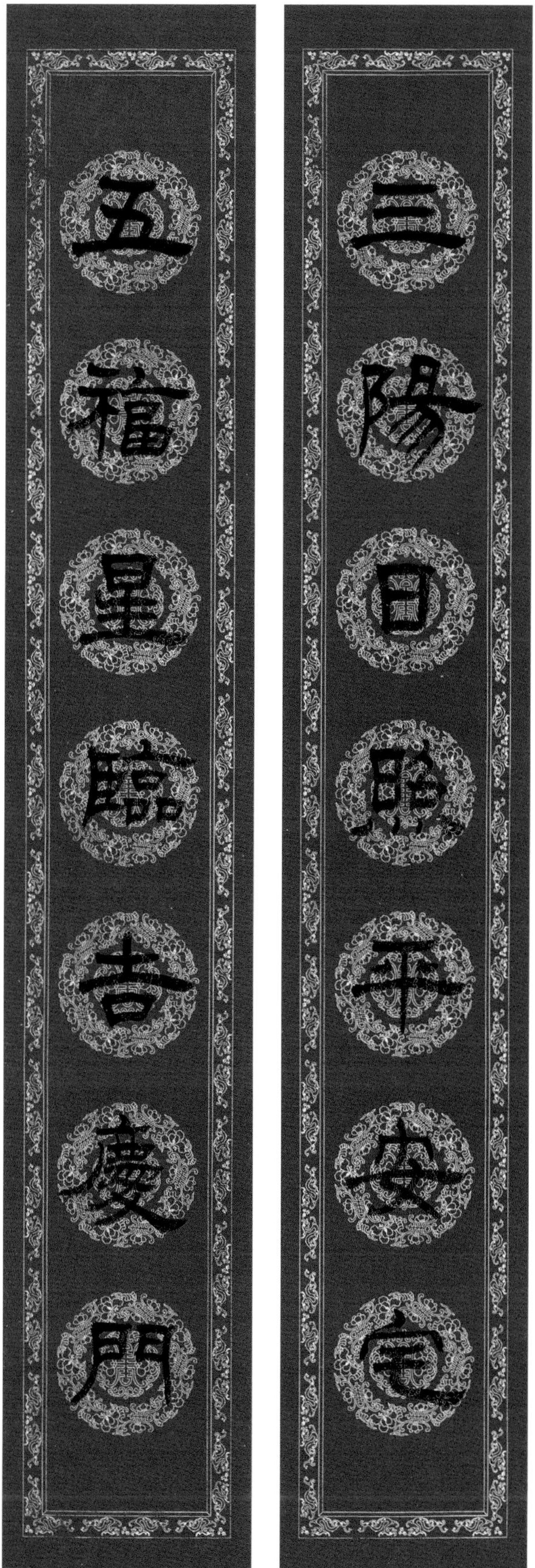

三阳日照平安宅
五福星临吉庆门

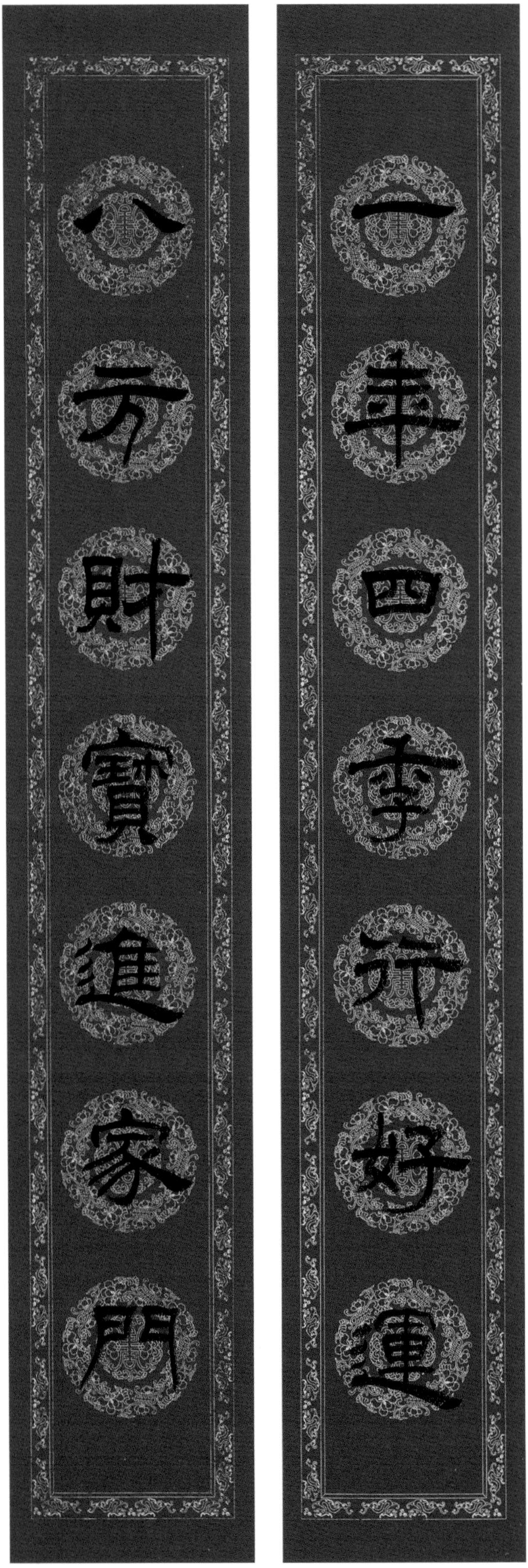

一年四季行好运
八方财宝进家门

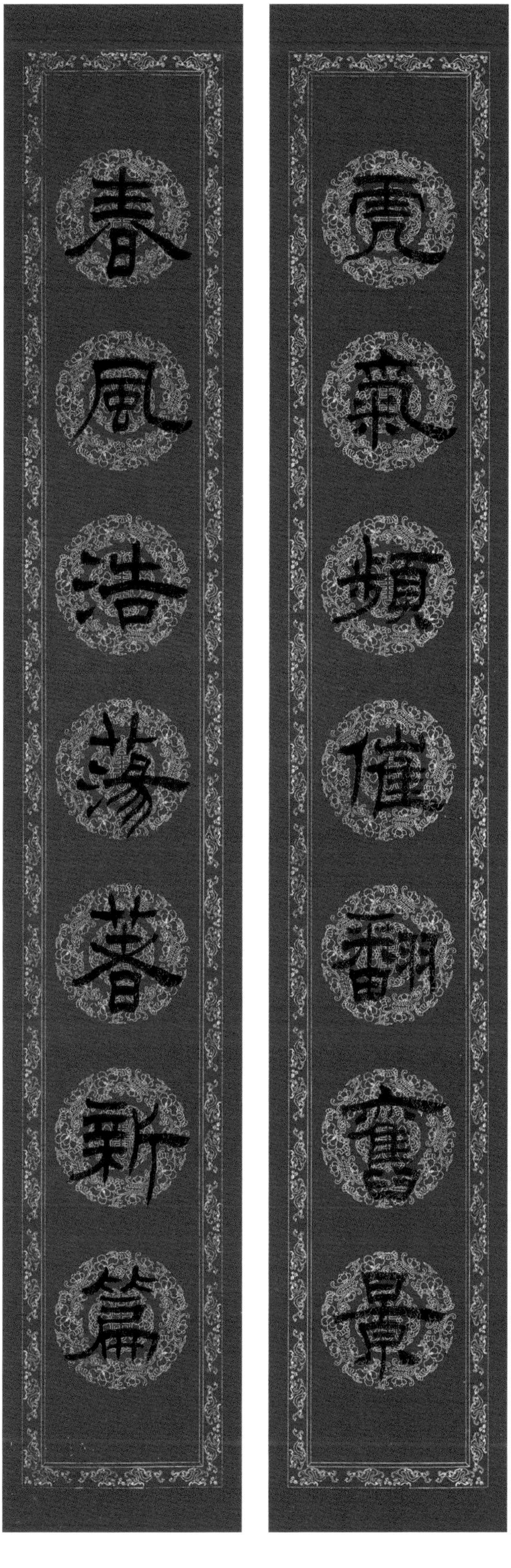

虎气频催翻旧景
春风浩荡著新篇

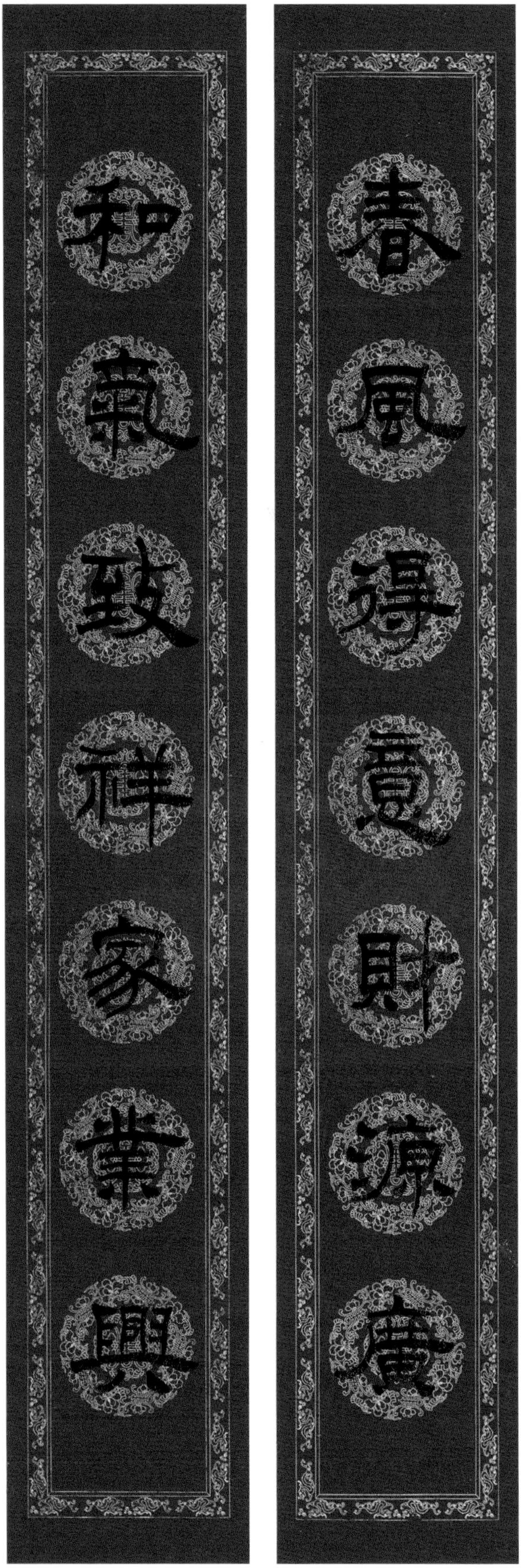

春风得意财源广
和气致祥家业兴

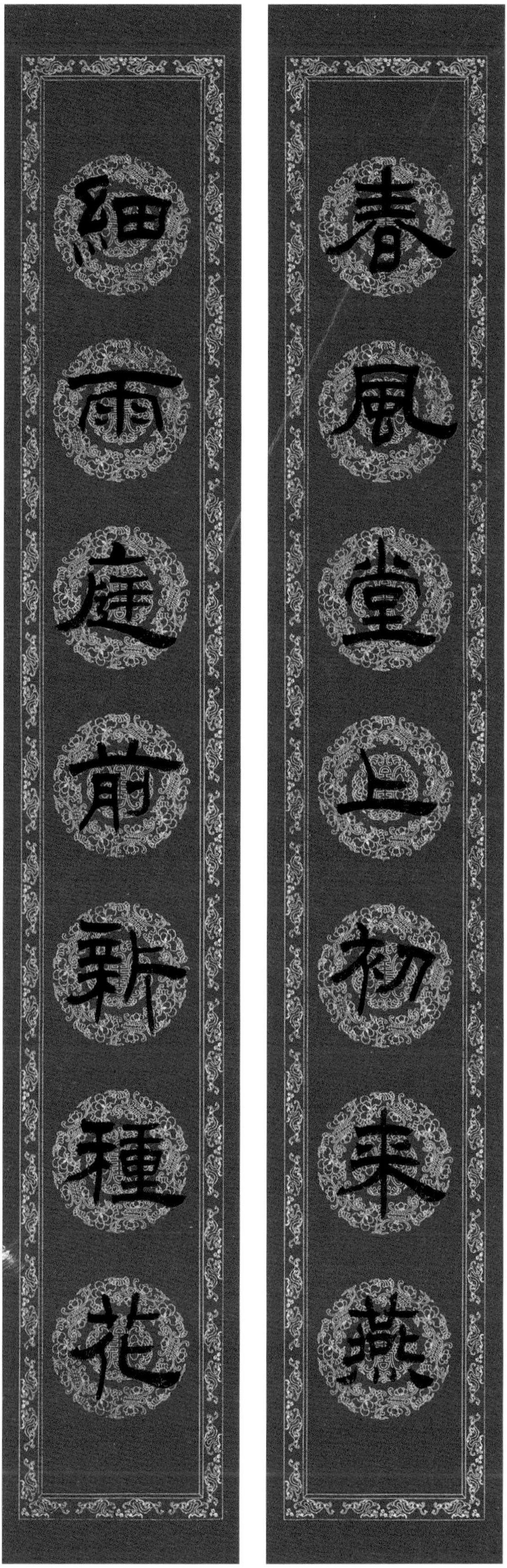

春风堂上初来燕
细雨庭前新种花

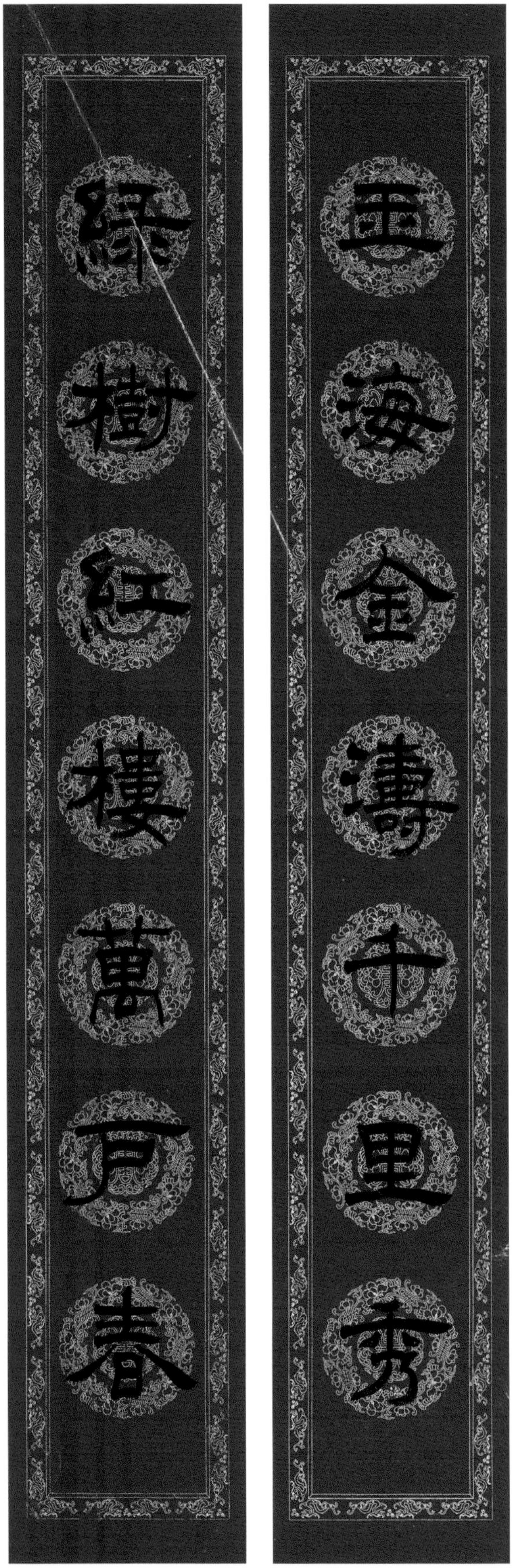

玉海金涛千里秀
绿树红楼万户春

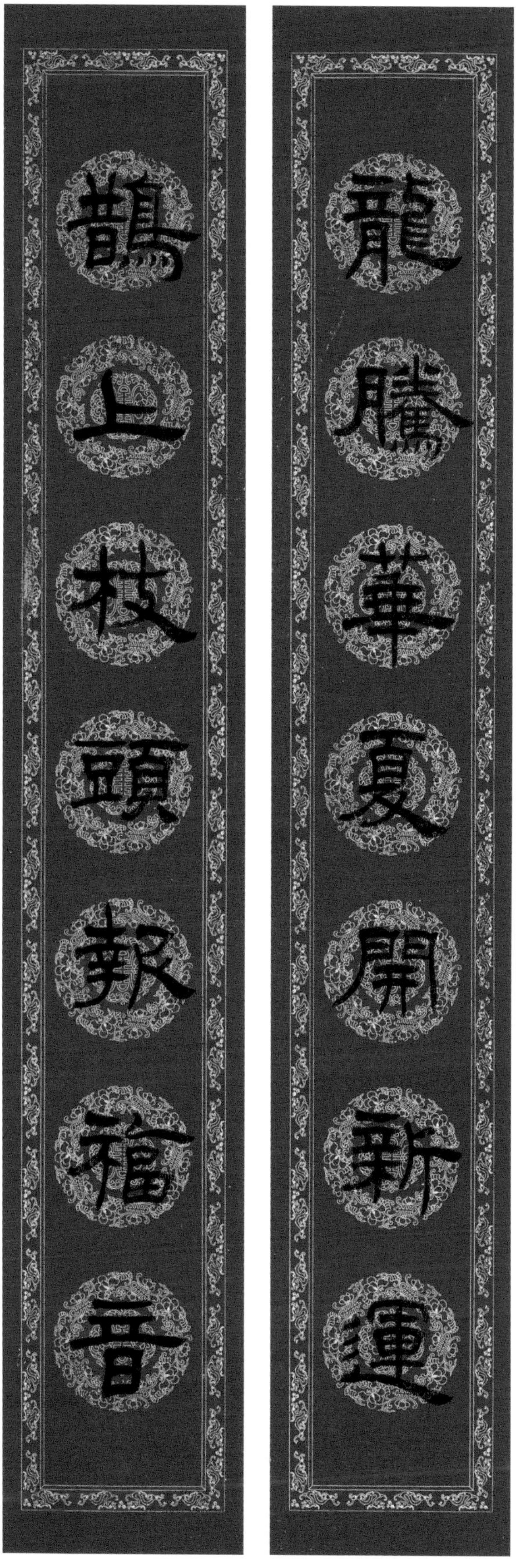

龙腾华夏开新运
鹊上枝头报福音

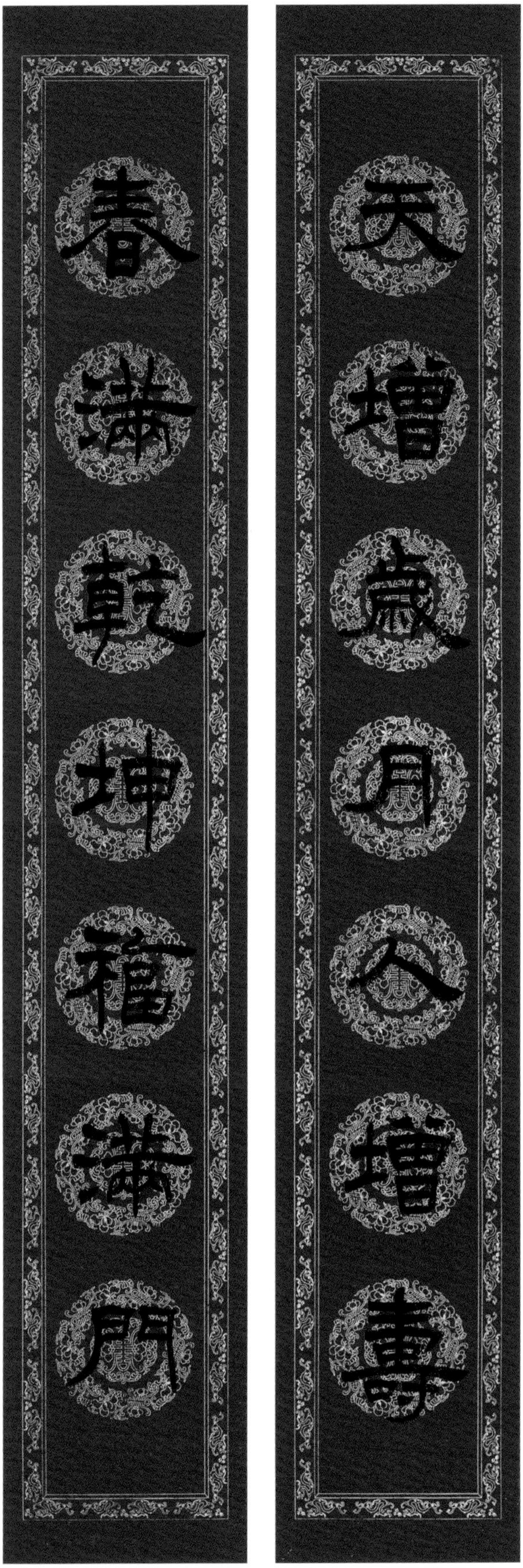

天增岁月人增寿
春满乾坤福满门

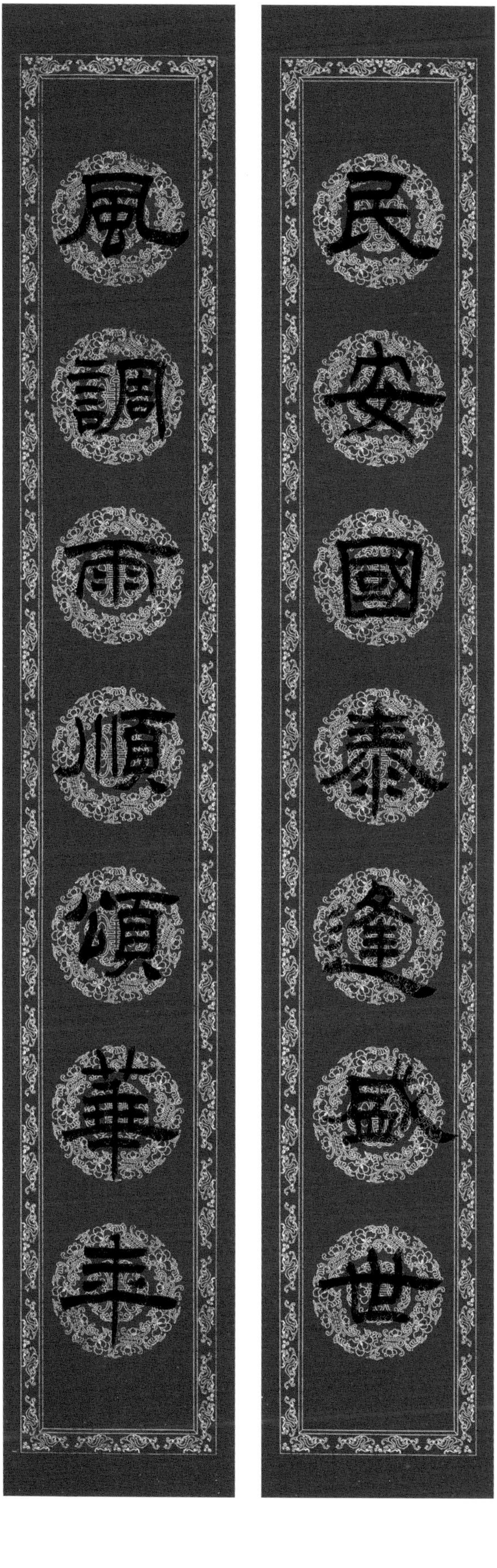

民安国泰逢盛世
风调雨顺颂华年

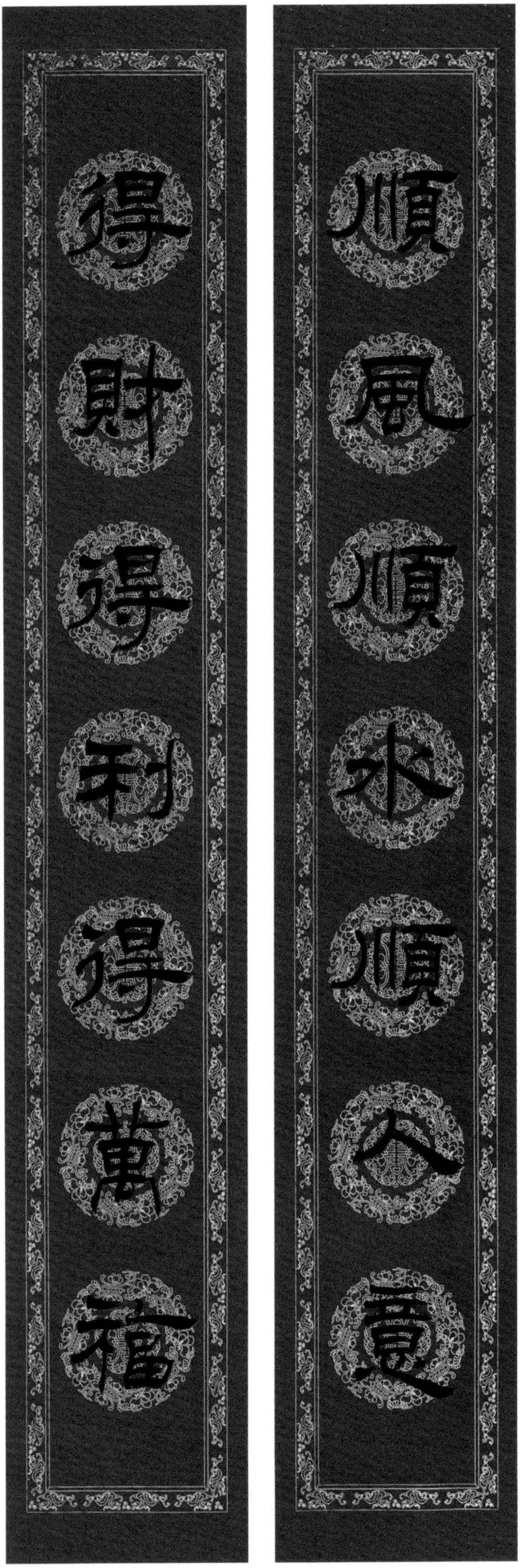

顺风顺水顺人意
得财得利得万福

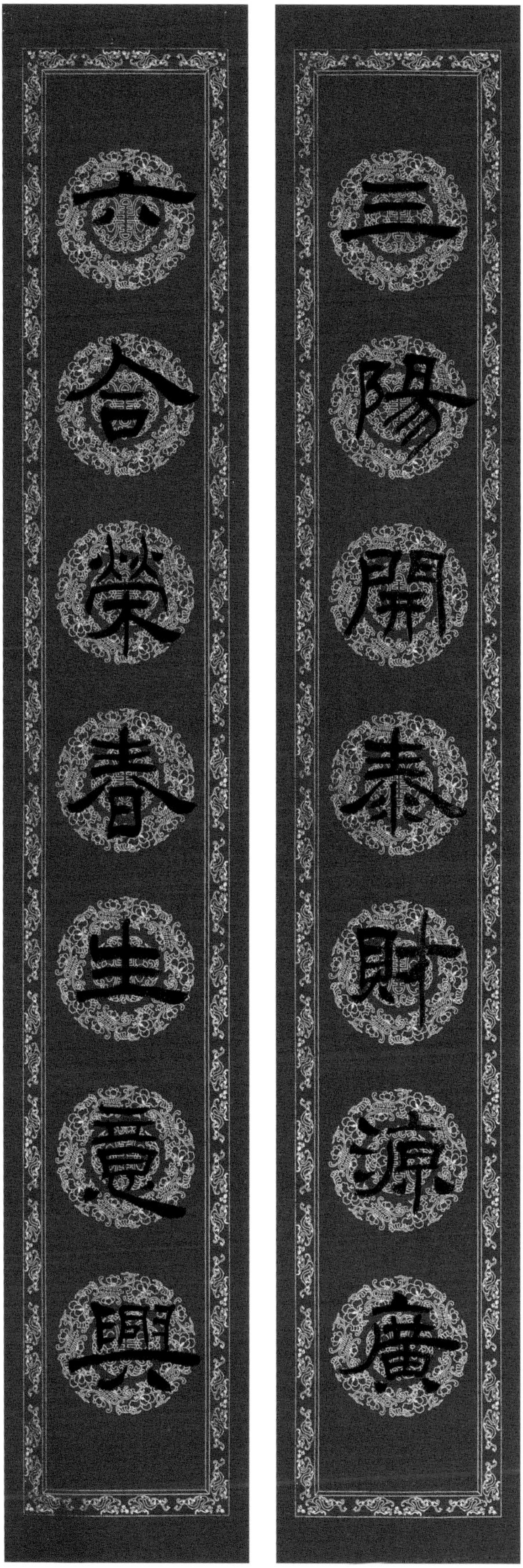

三阳开泰财源广
六合荣春生意兴

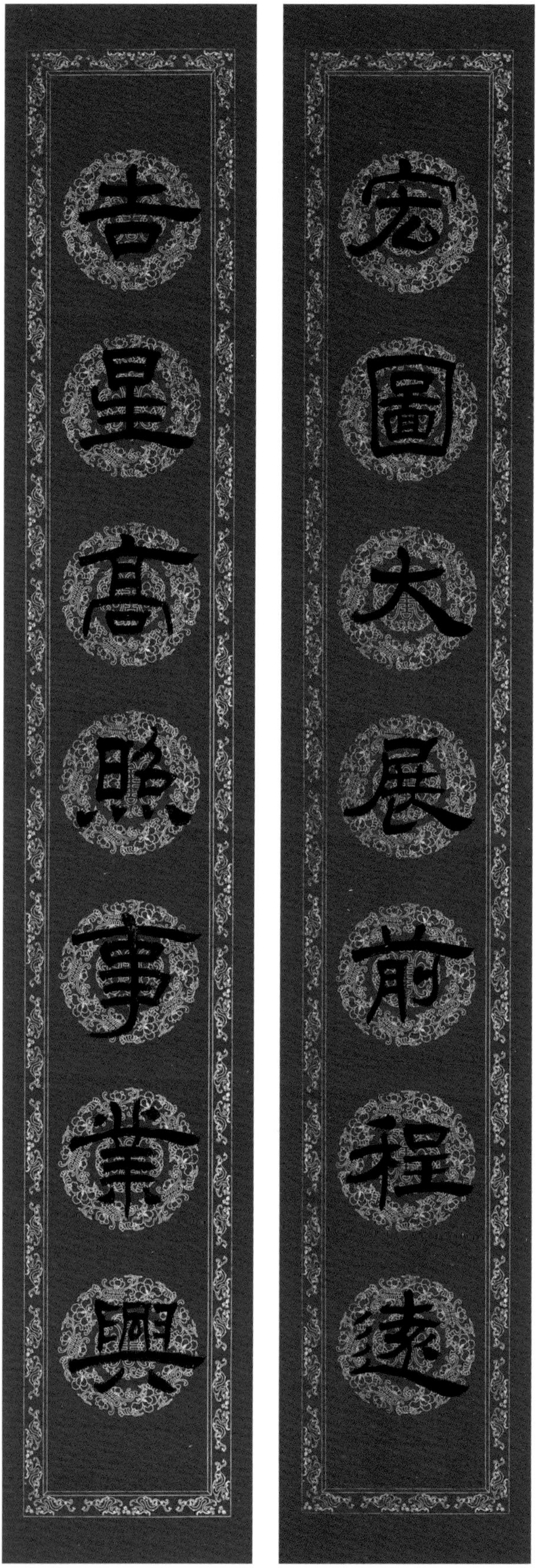

宏图大展前程远
吉星高照事业兴

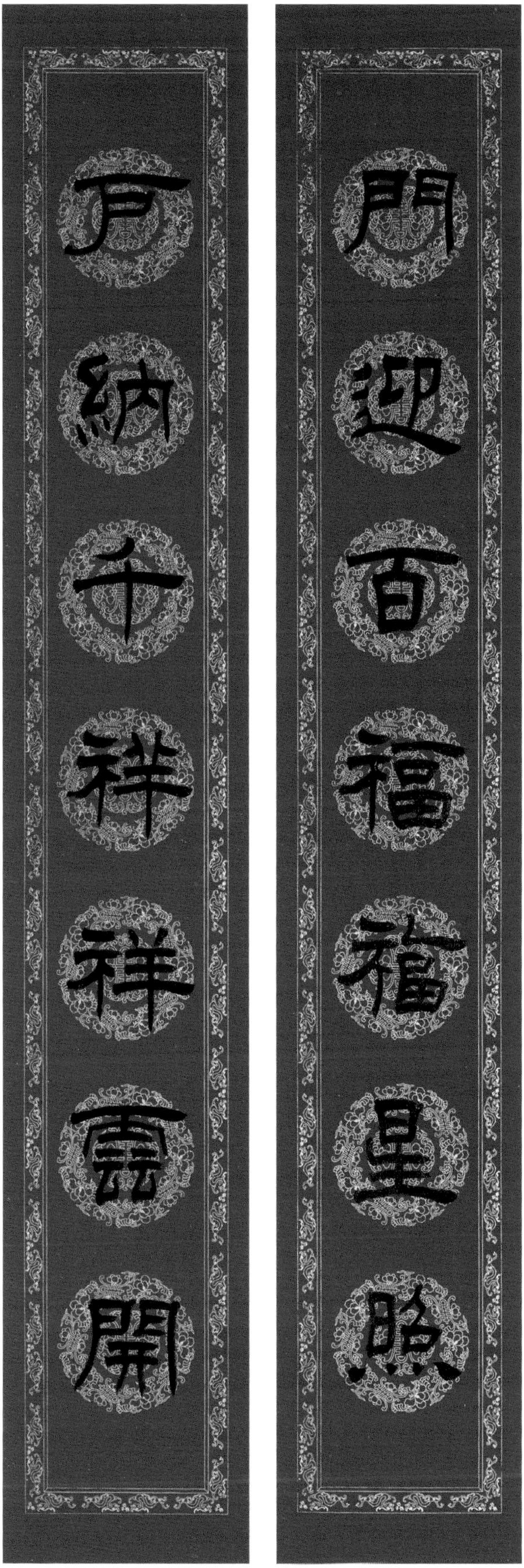

门迎百福福星照
户纳千祥祥云开

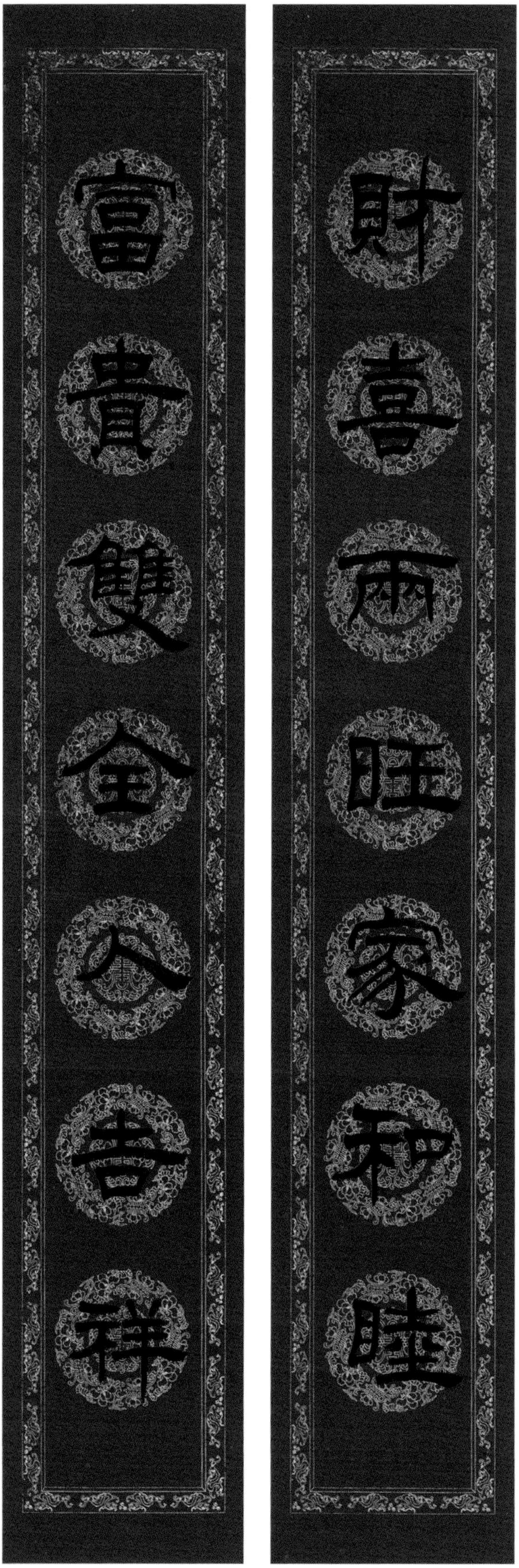

财喜两旺家和睦
富贵双全人吉祥

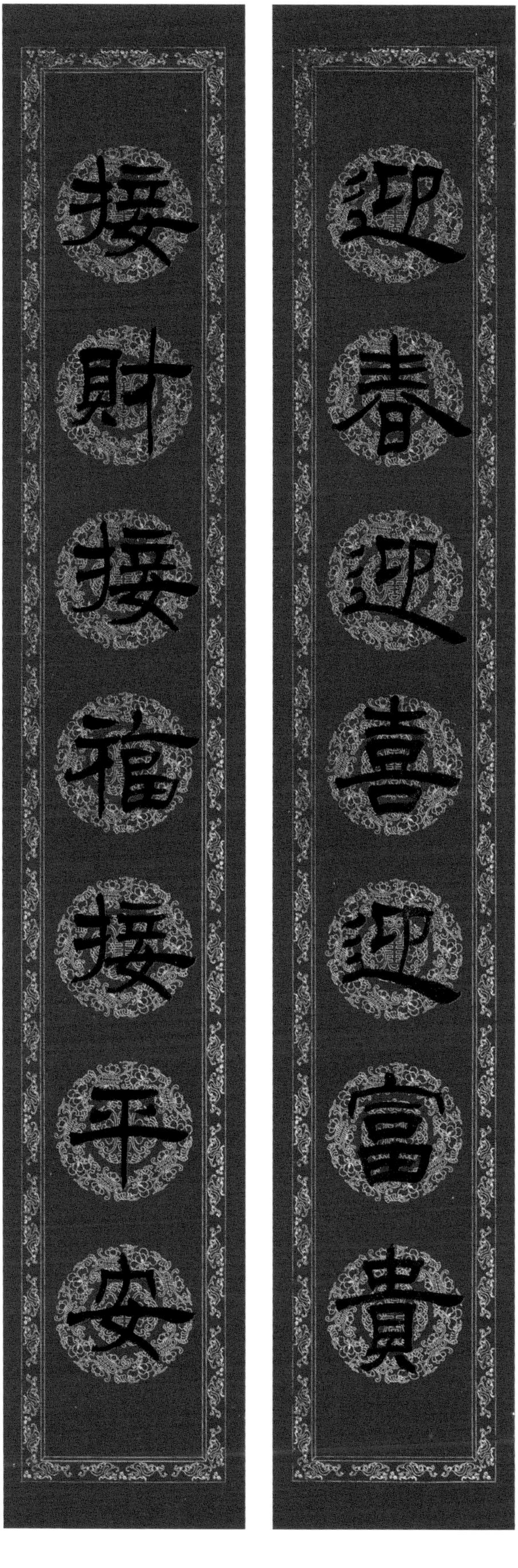

迎春迎喜迎富贵
接财接福接平安

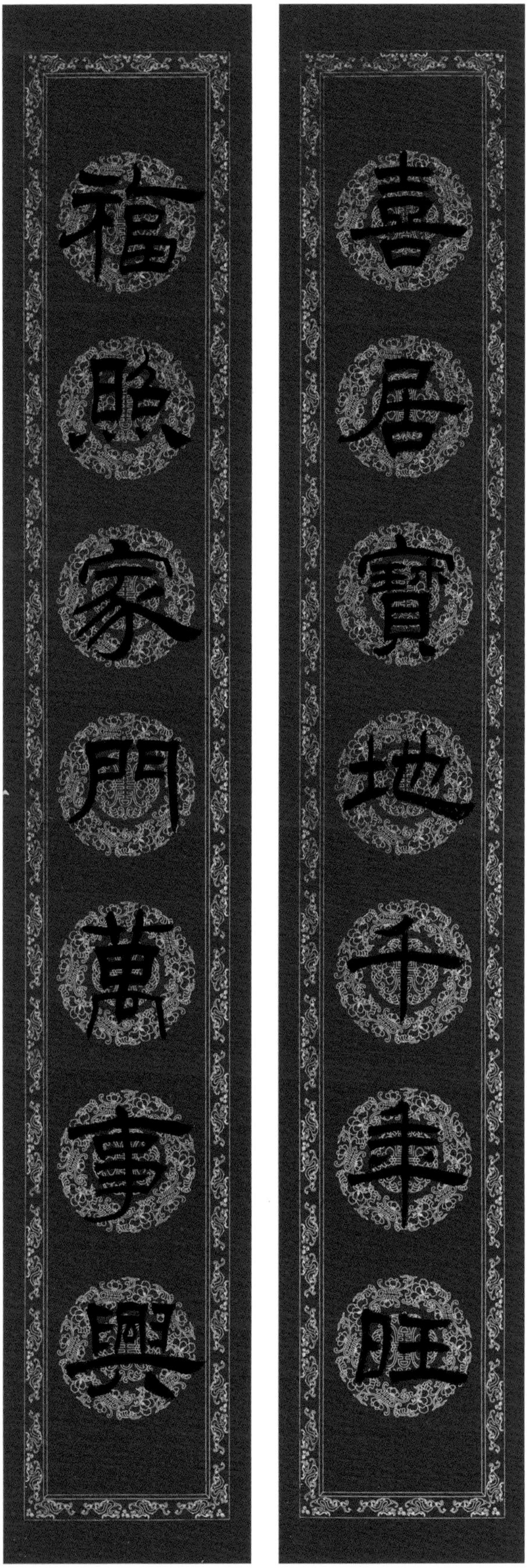

喜居宝地千年旺

福照家门万事兴

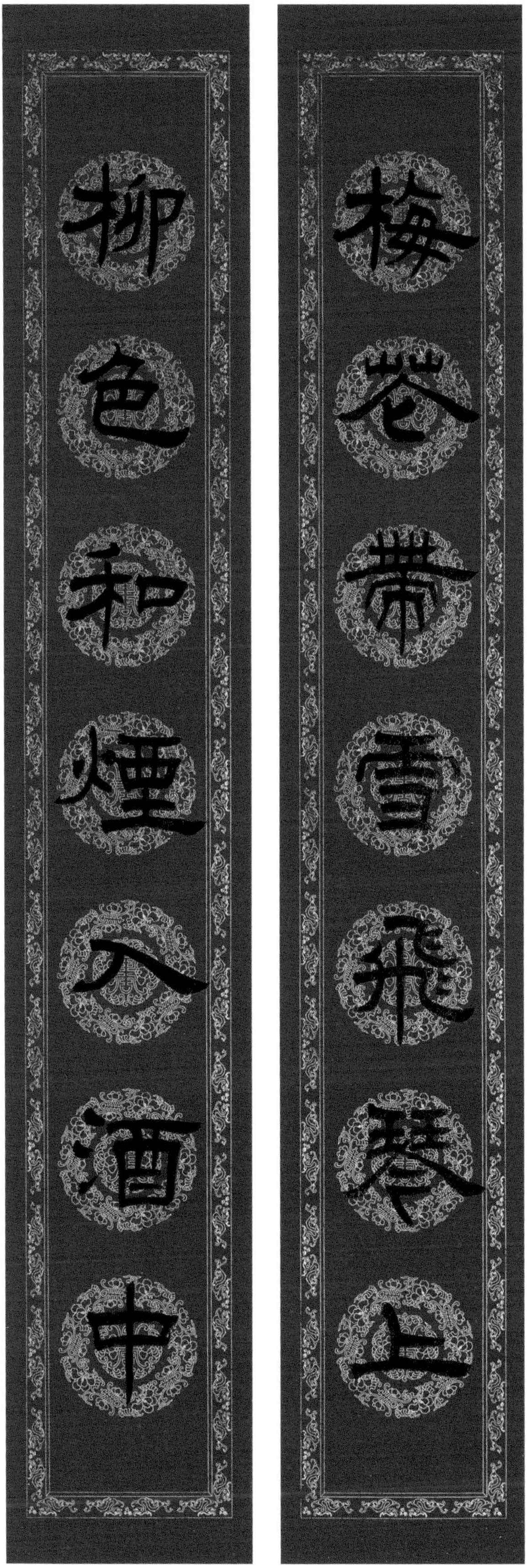

梅花带雪飞琴上
柳色和烟入酒中

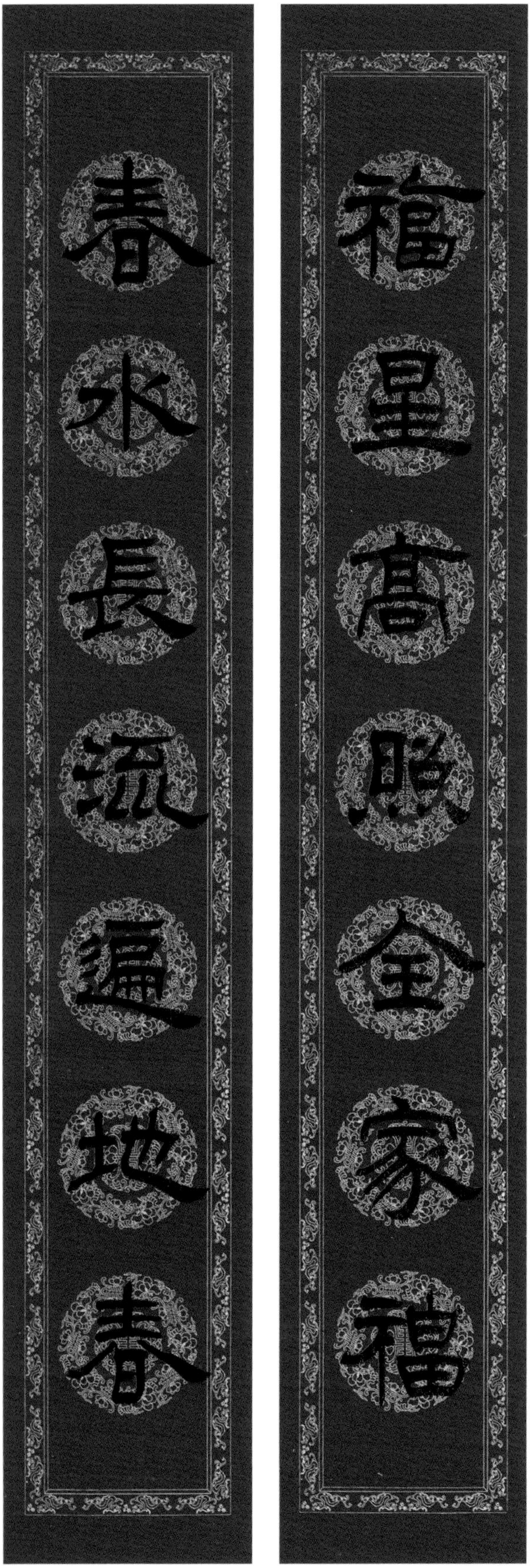

福星高照全家福
春水长流遍地春

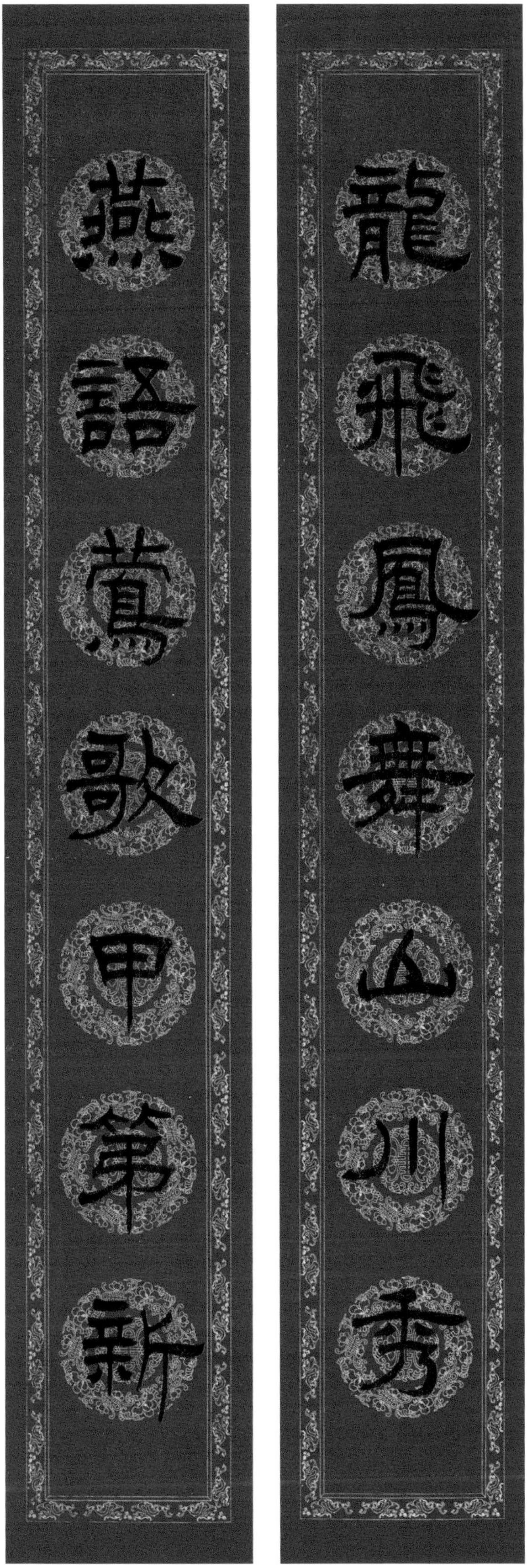

龙飞凤舞山川秀
燕语莺歌甲第新

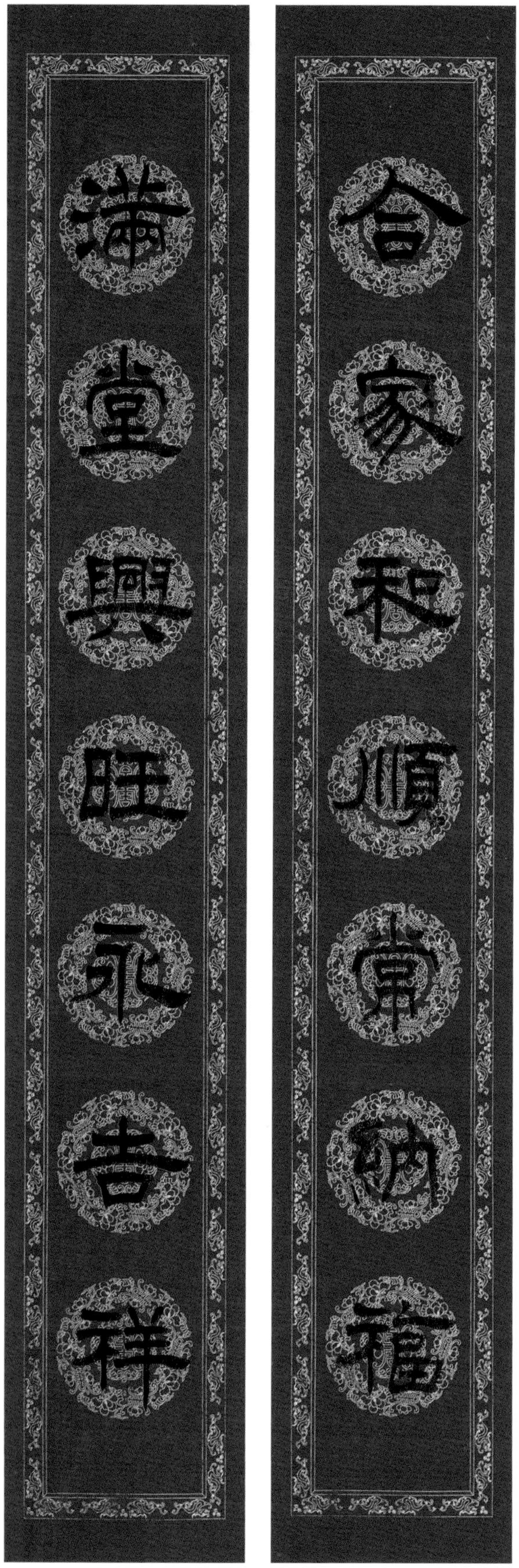

合家和顺常纳福
满堂兴旺永吉祥

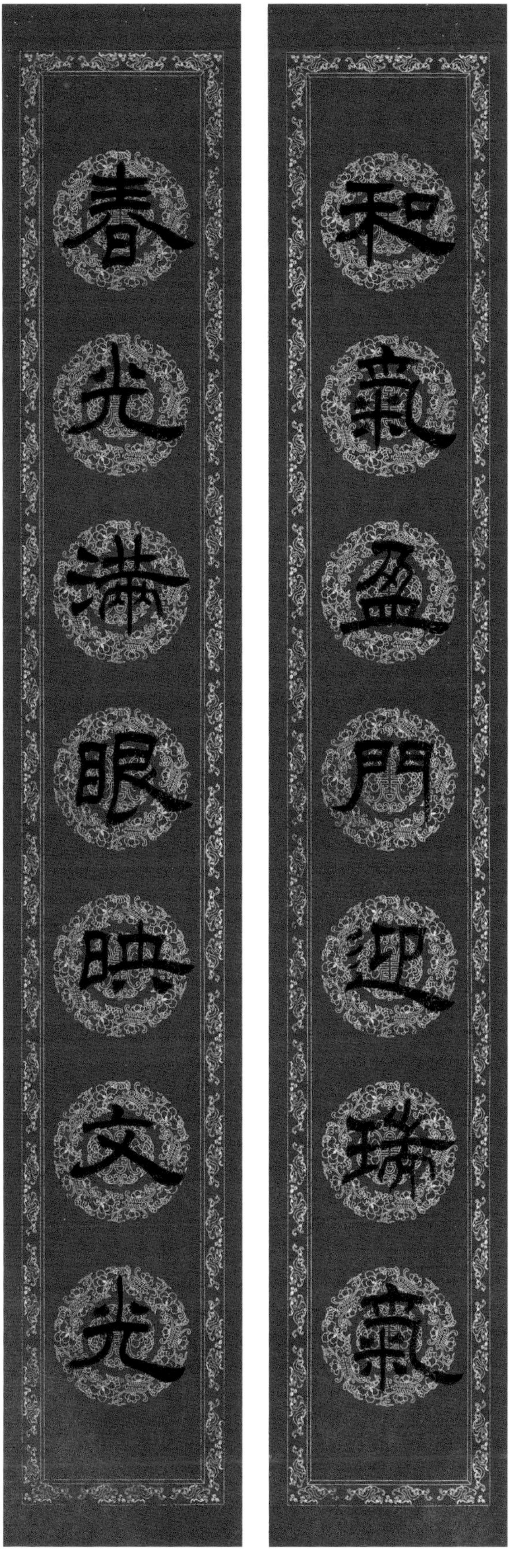

和气盈门迎瑞气
春光满眼映文光

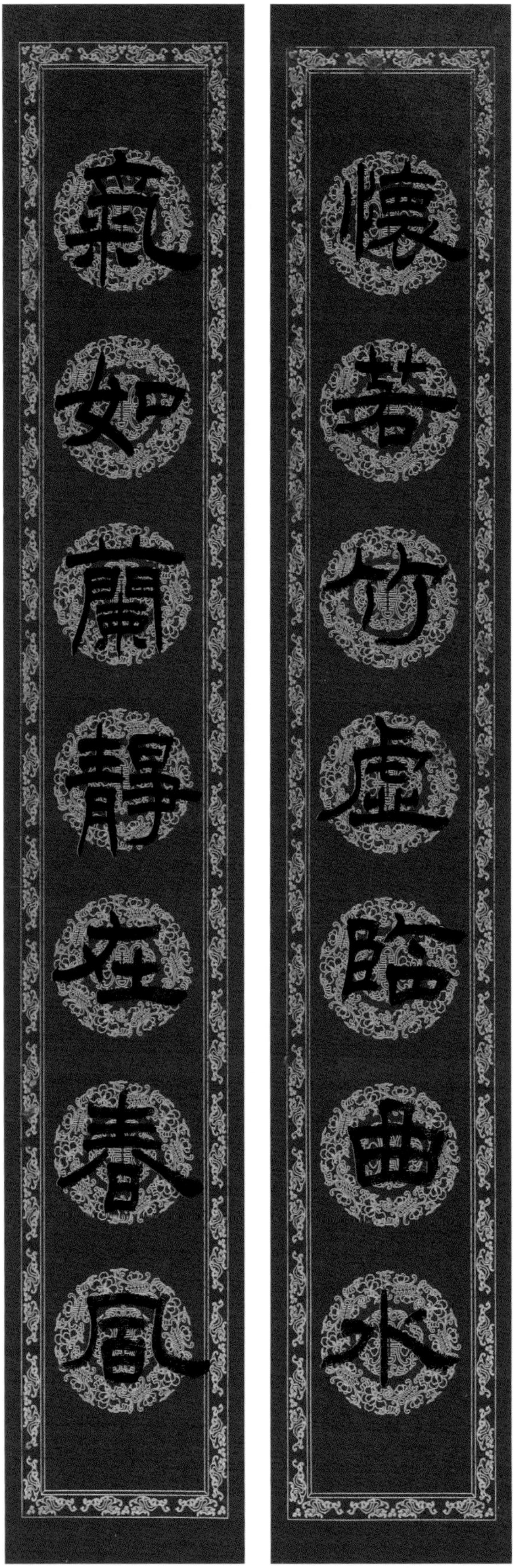

怀若竹虚临曲水
气如兰静在春风

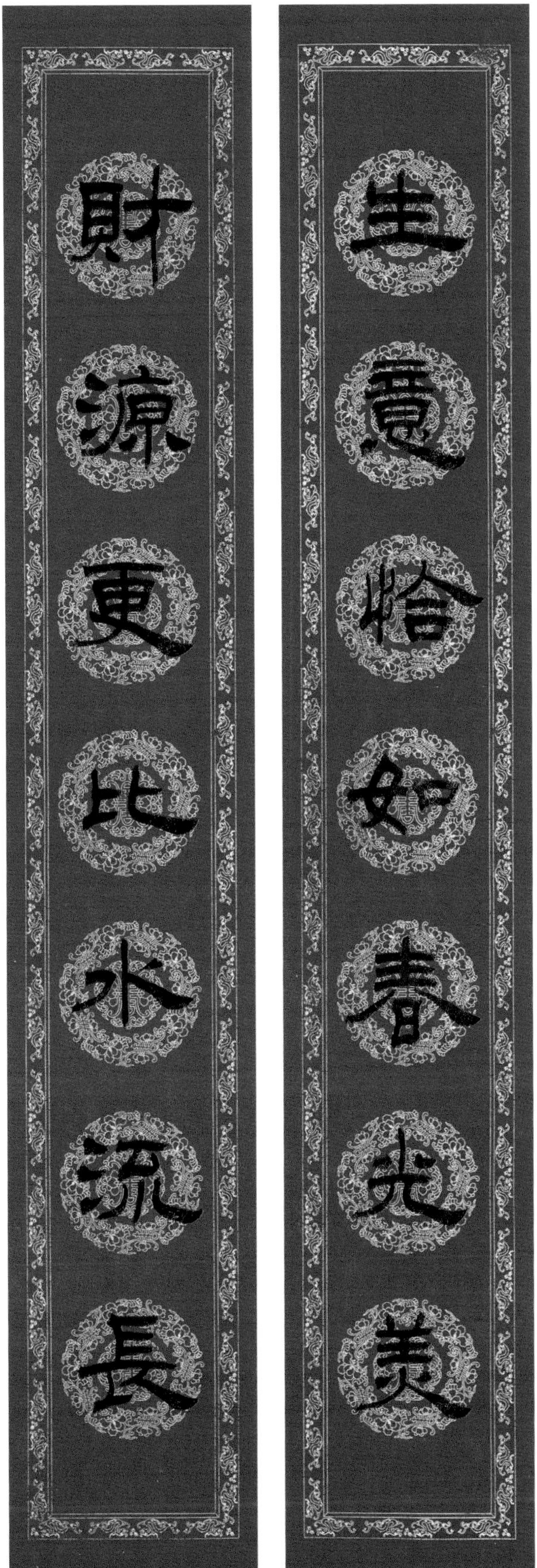

生意恰如春光美
财源更比水流长

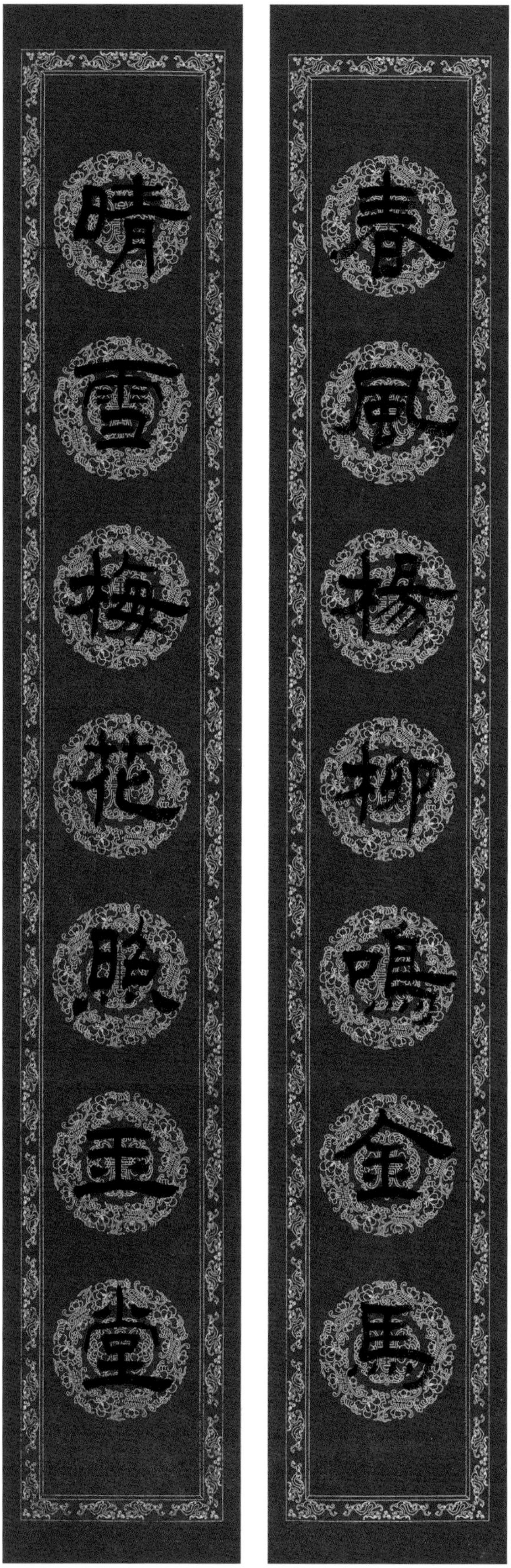

春风杨柳鸣金马
晴雪梅花照玉堂

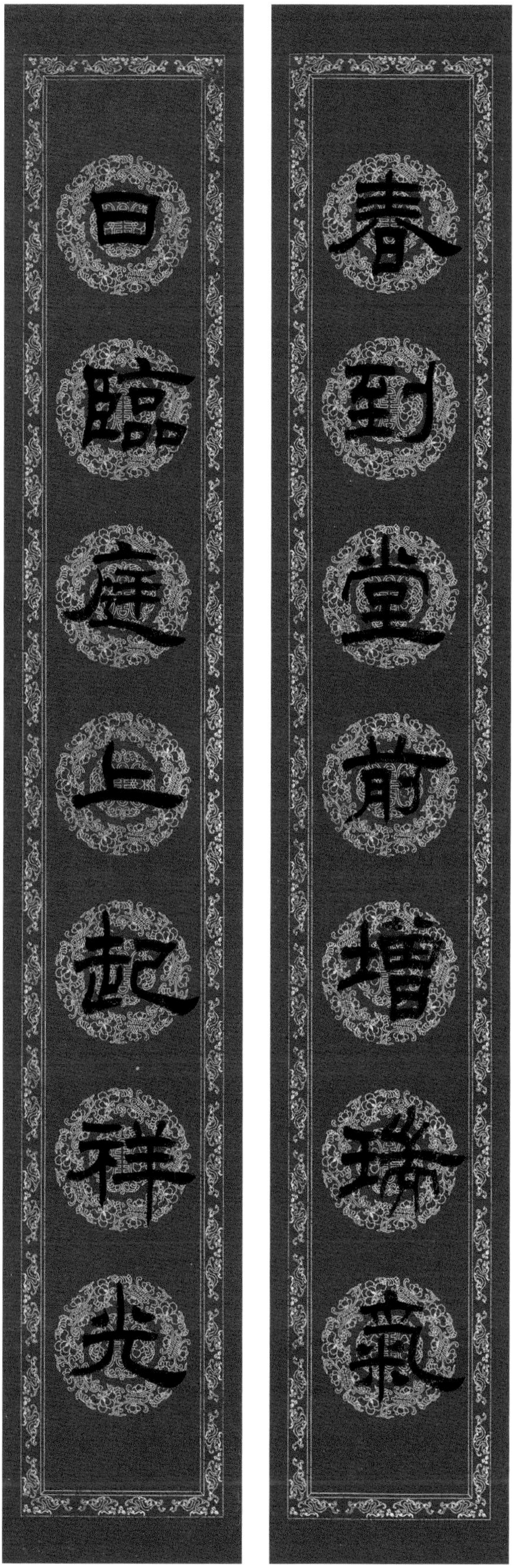

春到堂前增瑞气
日临庭上起祥光

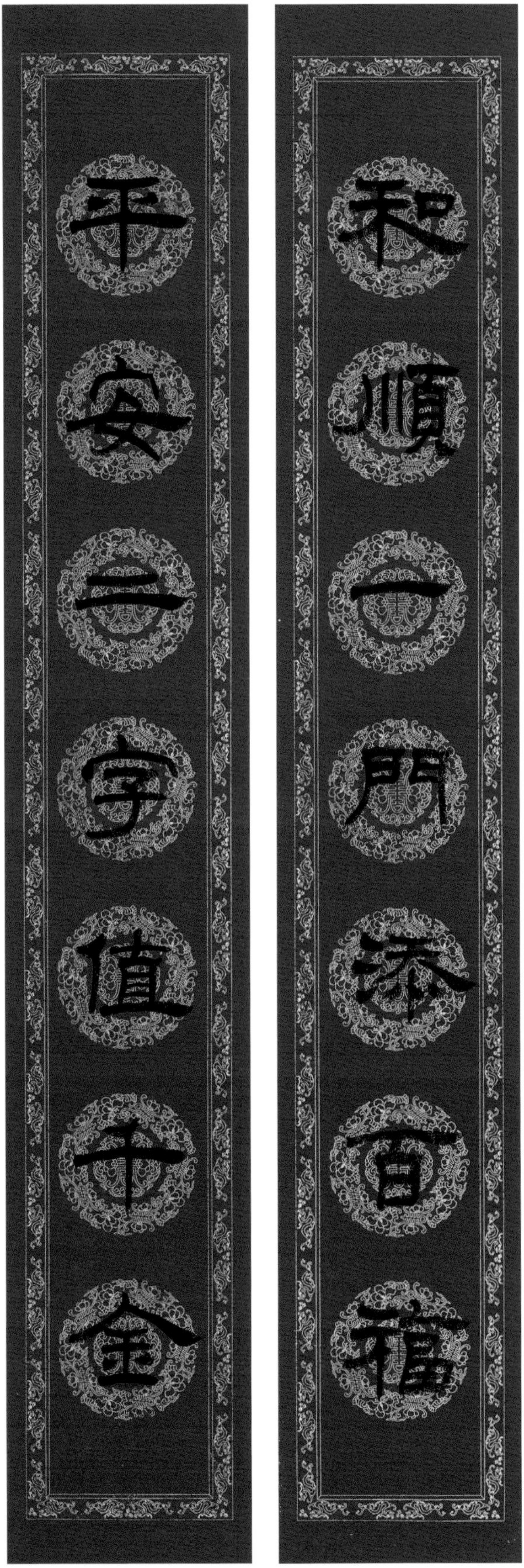

和顺一门添百福
平安二字值千金

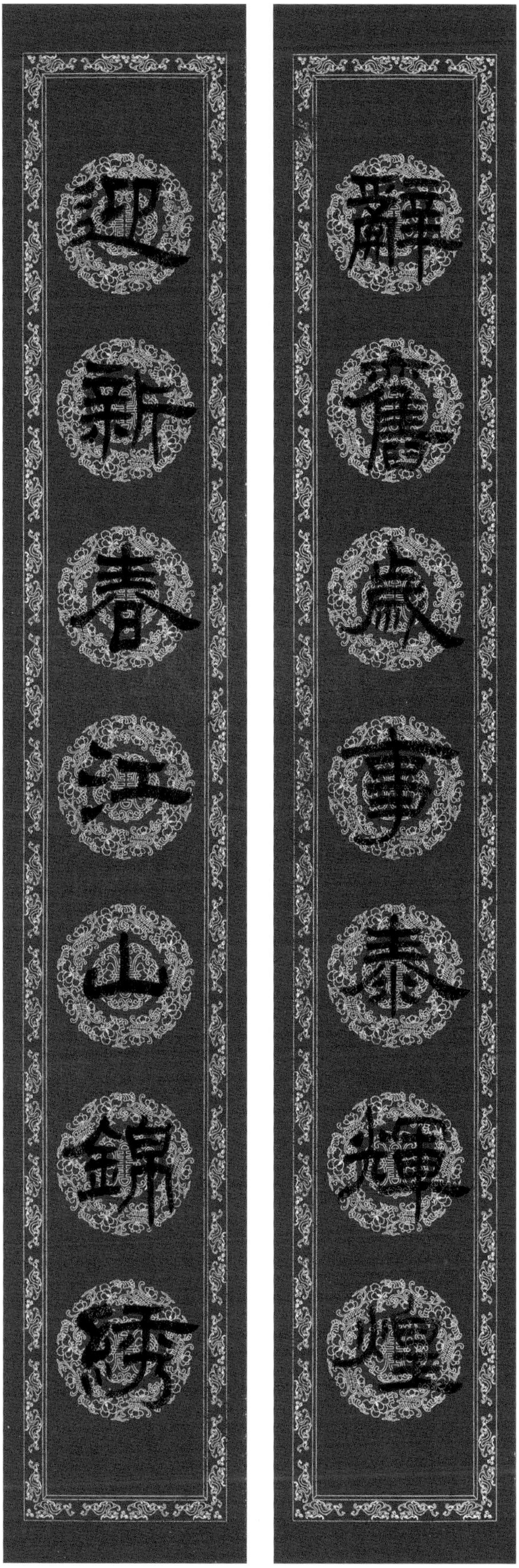

辞旧岁事泰辉煌
迎新春江山锦绣

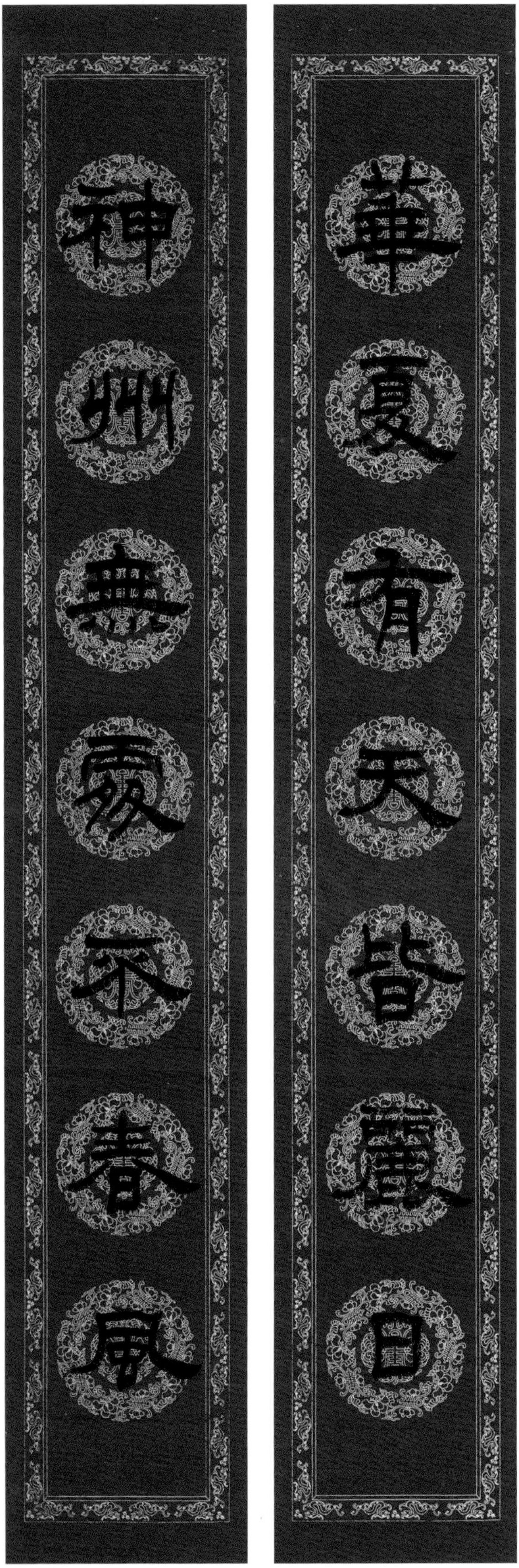

华夏有天皆丽日
神州无处不春风

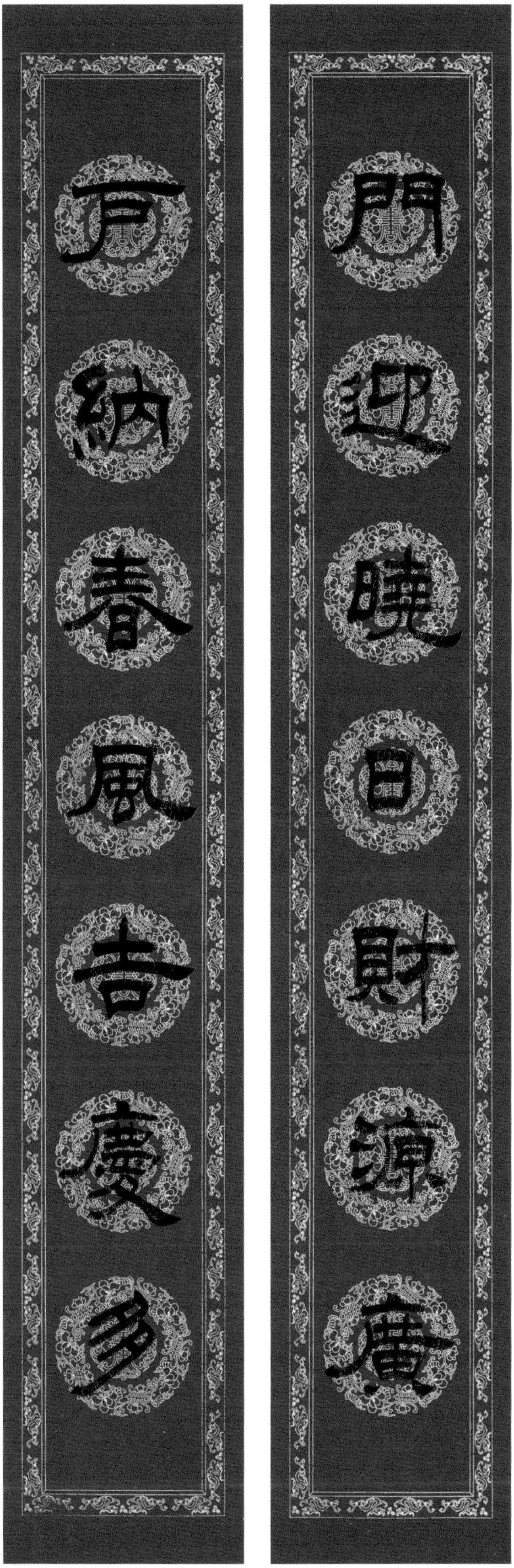

门迎晓日财源广
户纳春风吉庆多

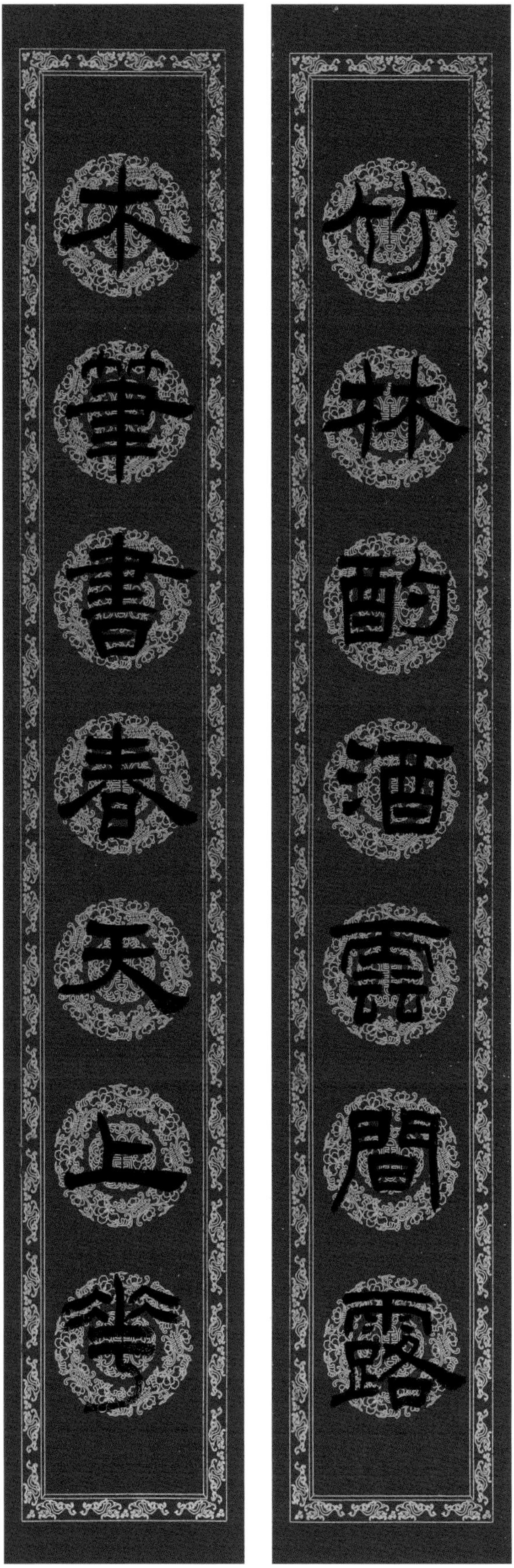

竹林酌酒云间露
木笔书春天上花

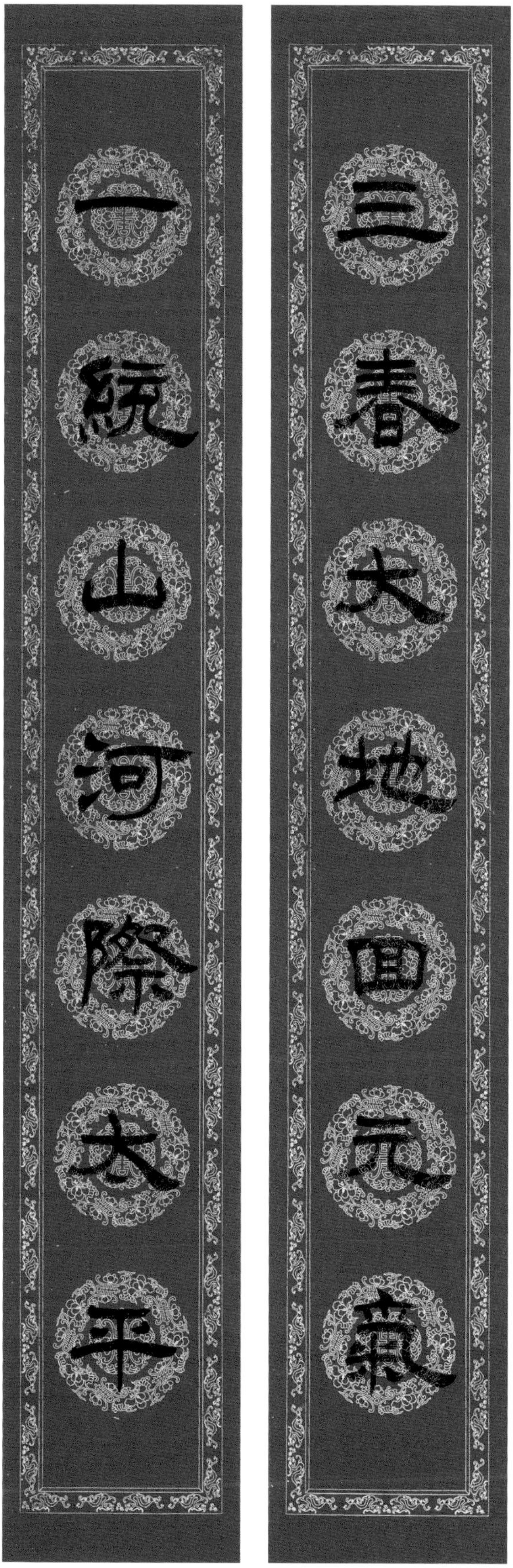

三春大地回元气
一统山河际太平

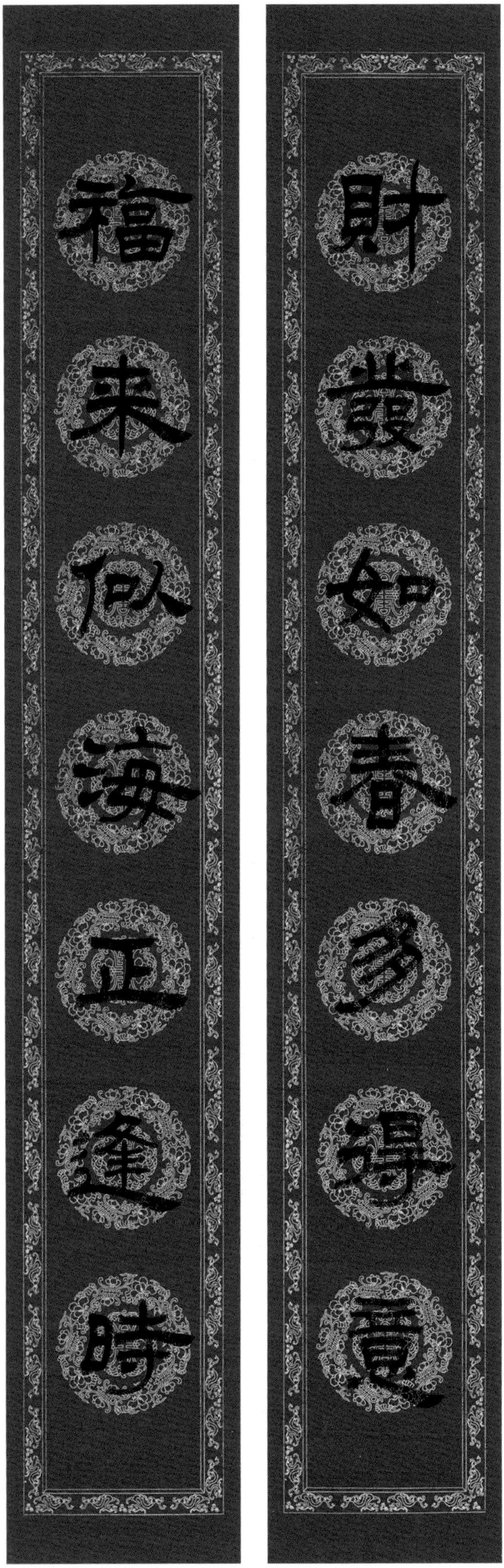

财发如春多得意
福来似海正逢时

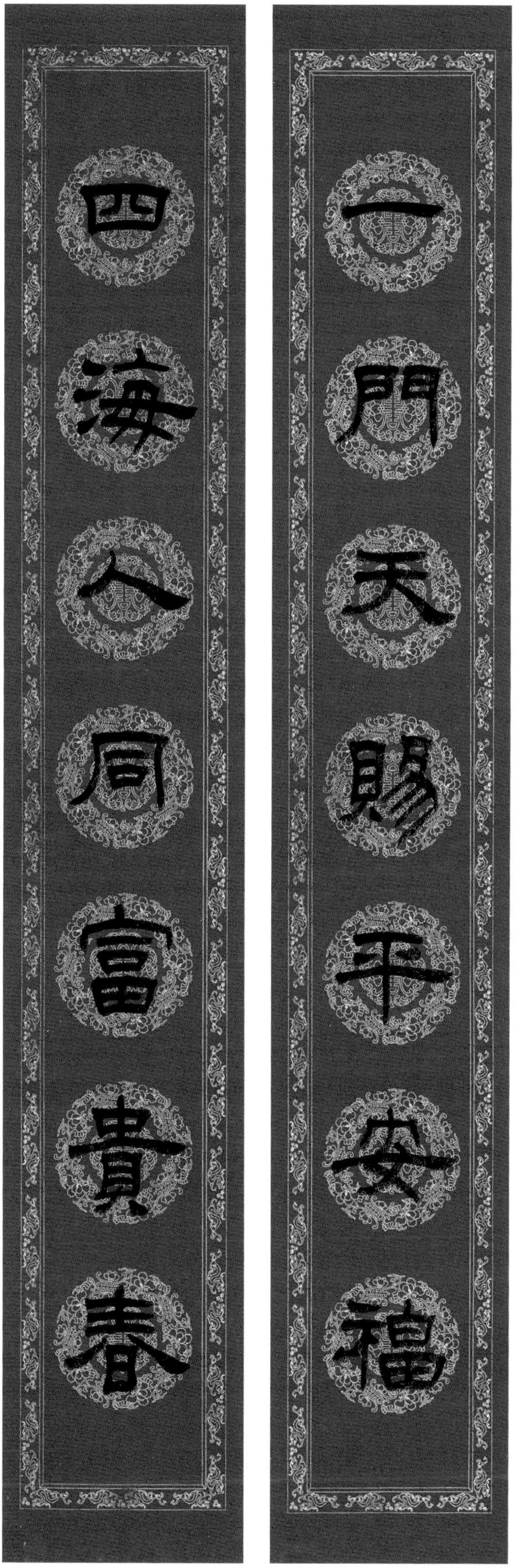

一门天赐平安福
四海人同富贵春

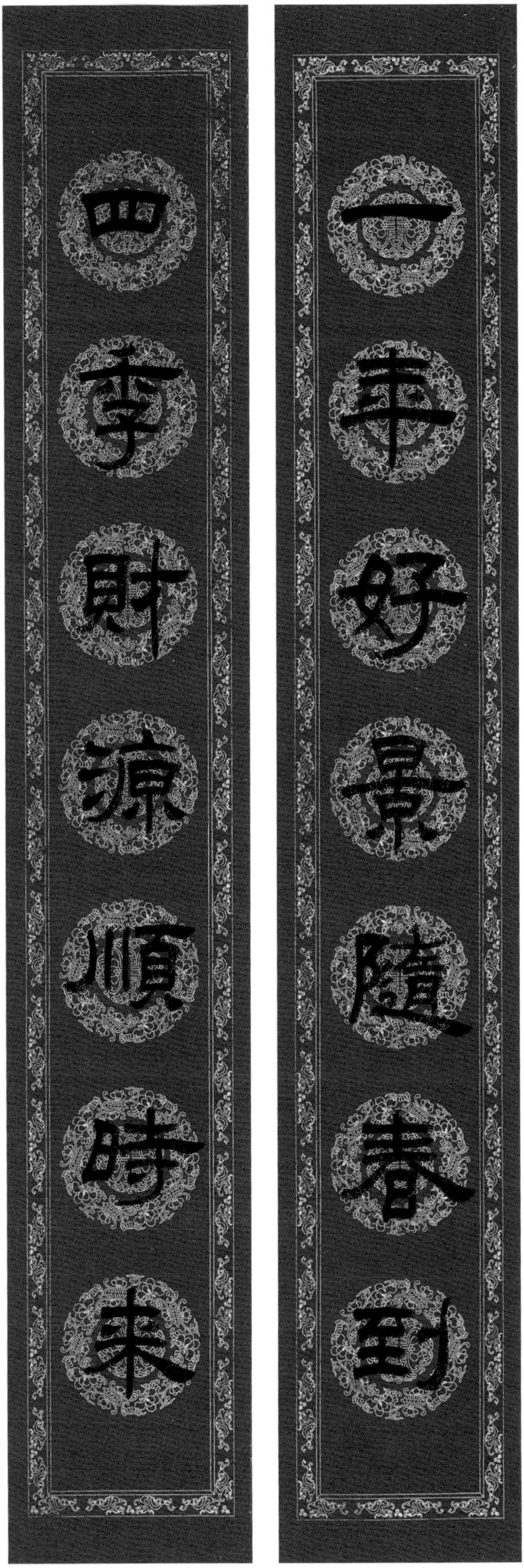

一年好景随春到
四季财源顺时来

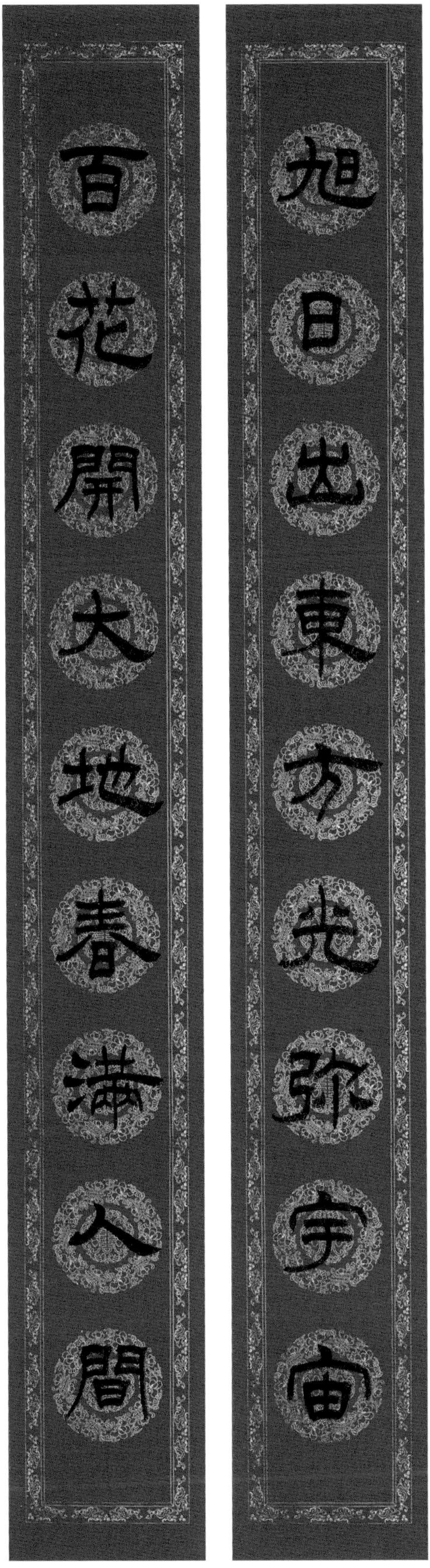

旭日出东方光弥宇宙
百花开大地春满人间

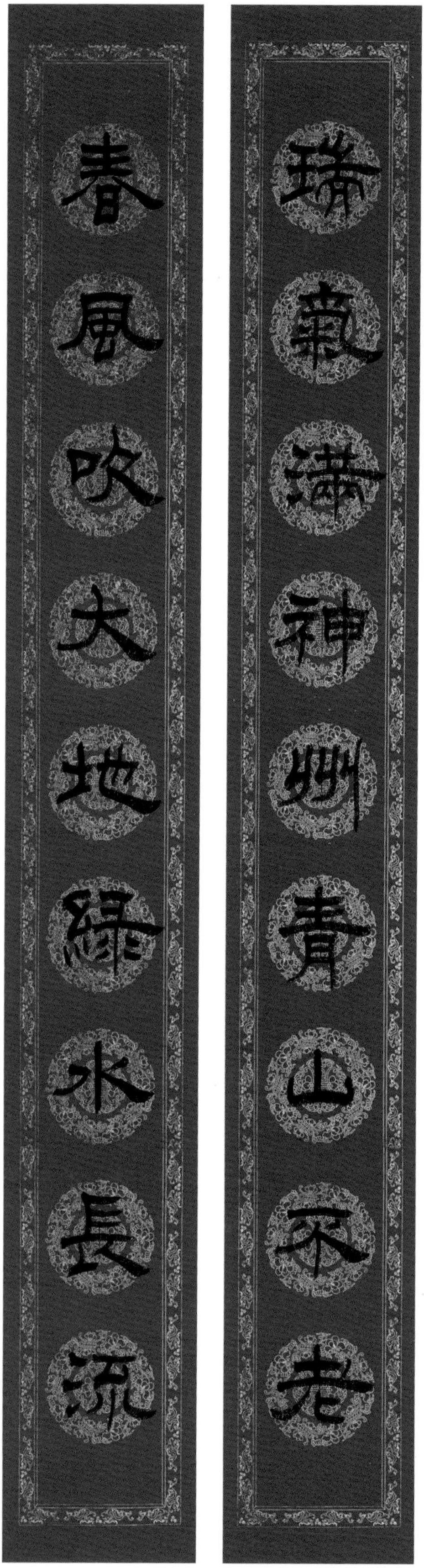

瑞气满神州青山不老
春风吹大地绿水长流

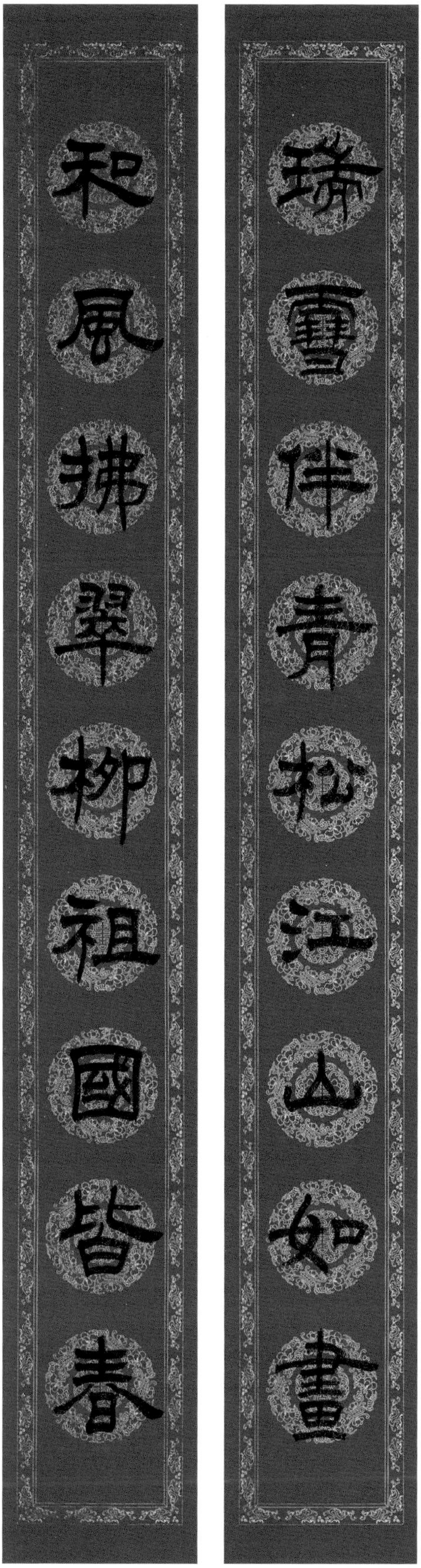

瑞雪伴青松江山如画
和风拂翠柳祖国皆春

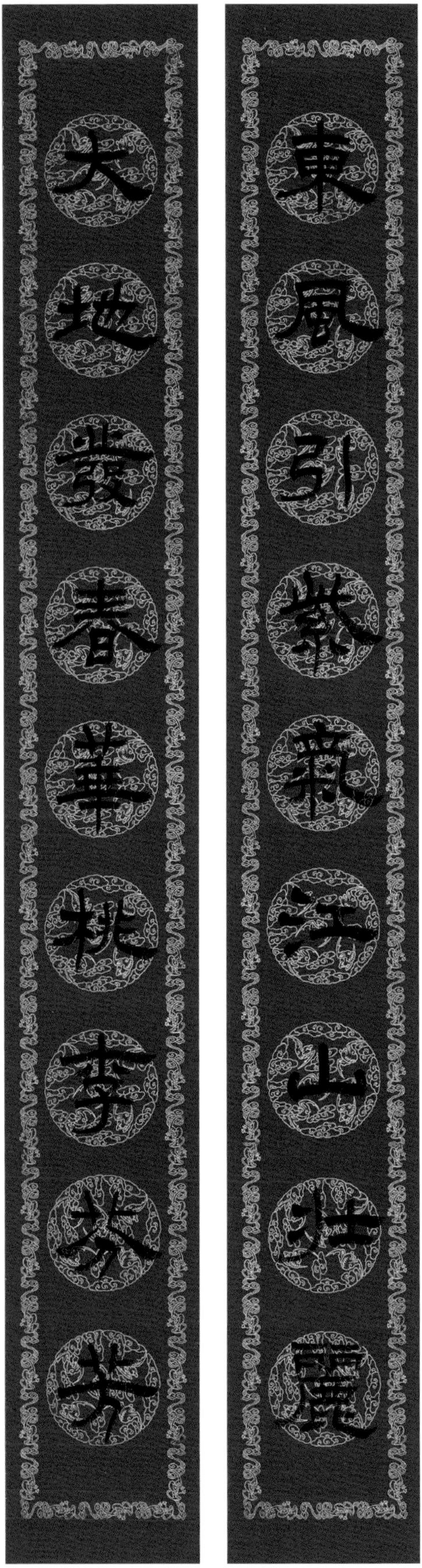
東風引紫氣江山壯麗
大地發春華桃李芬芳

东风引紫气江山壮丽
大地发春华桃李芬芳

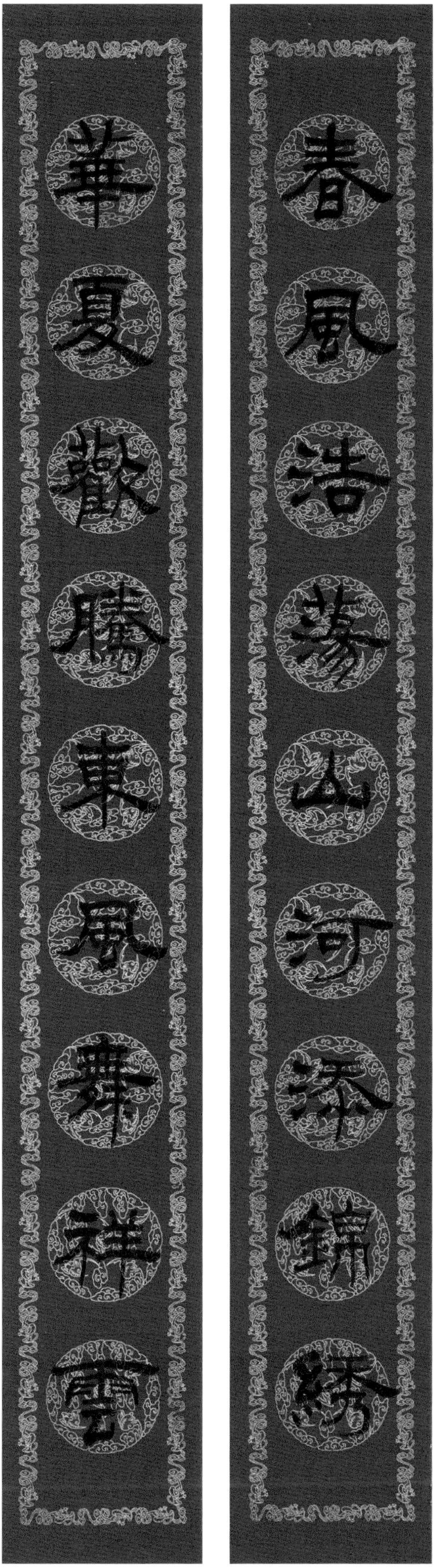

春风浩荡山河添锦绣
华夏欢腾东风舞祥云

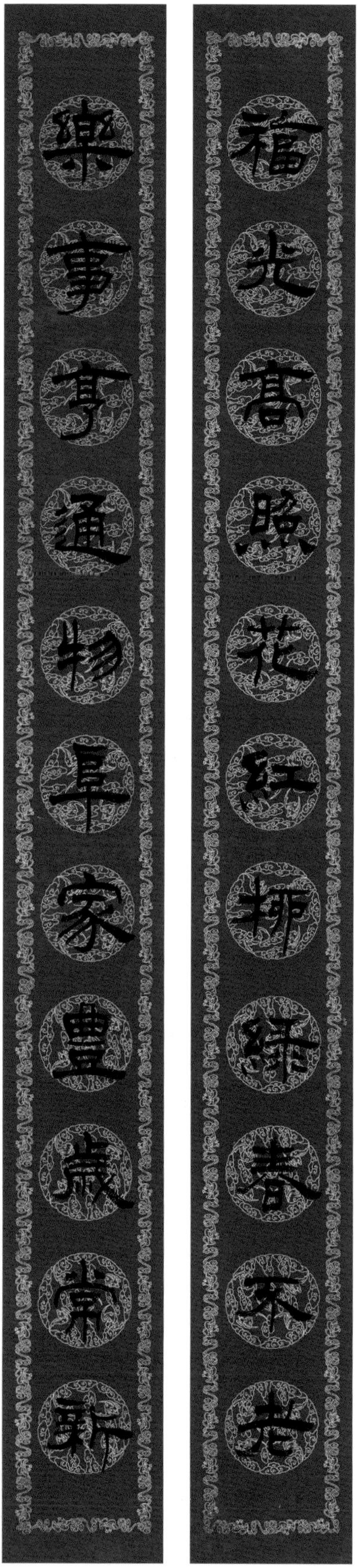

福光高照花红柳绿春不老
乐事亨通物阜家丰岁常新

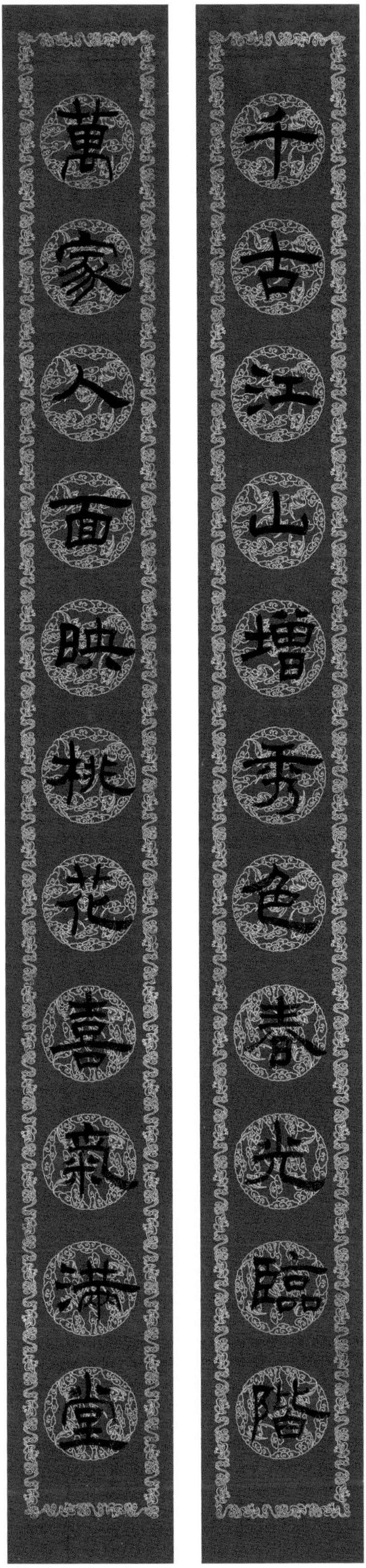

千古江山增秀色春光临阶
万家人面映桃花喜气满堂

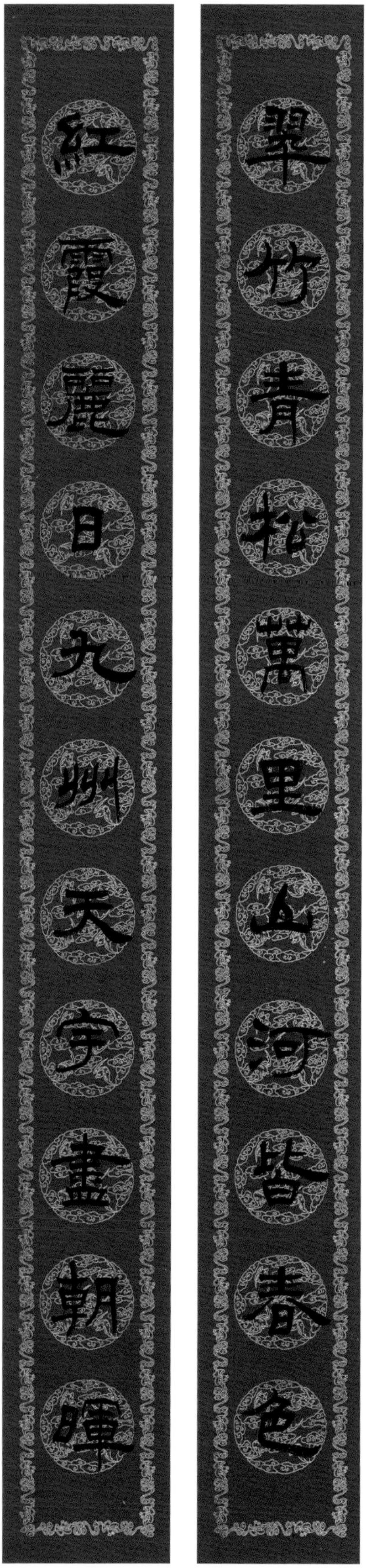

翠竹青松万里山河皆春色
红霞丽日九州天宇尽朝晖

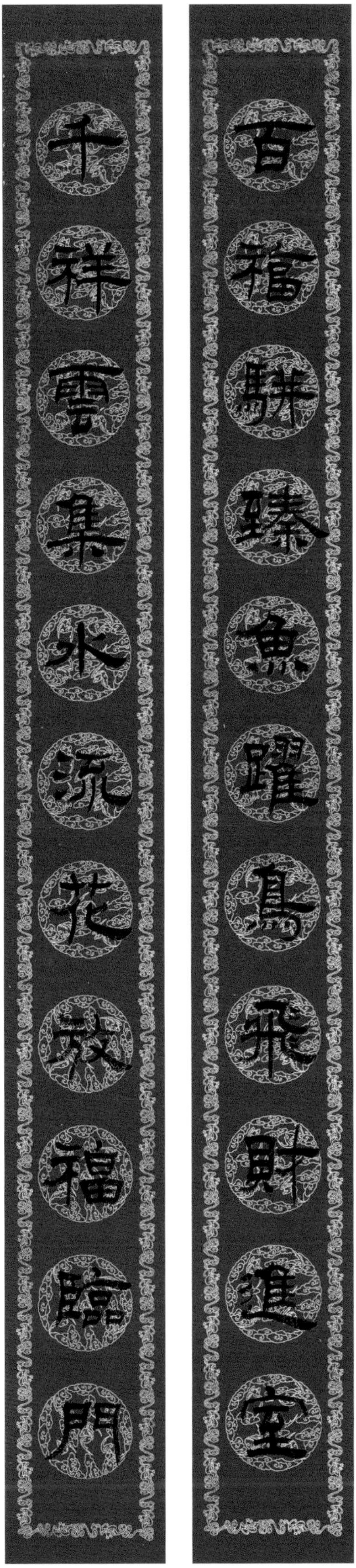

百福骈臻鱼跃鸟飞财进室
千祥云集水流花放福临门

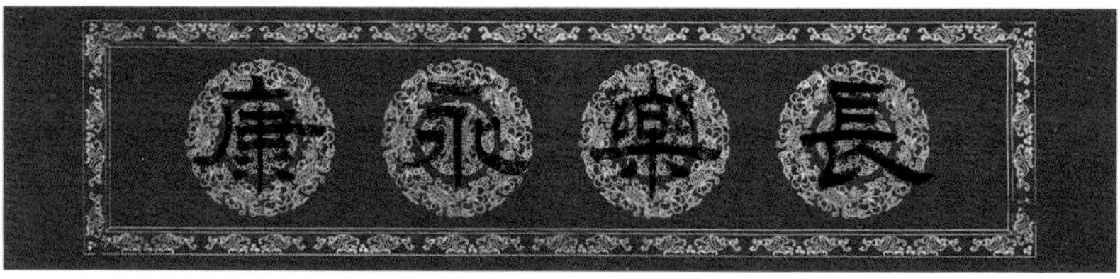

长乐永康

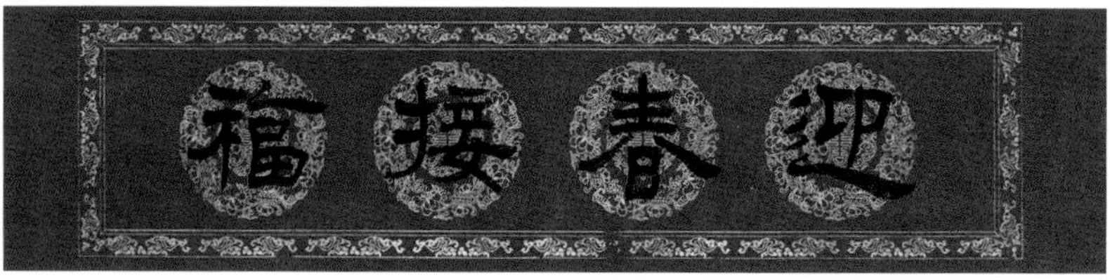

迎春接福

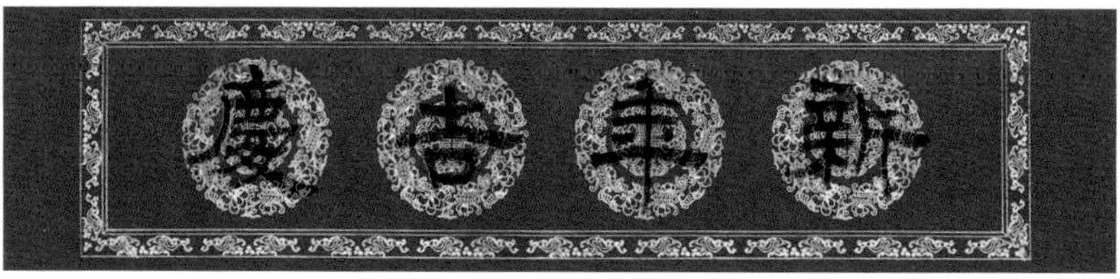

新年吉庆

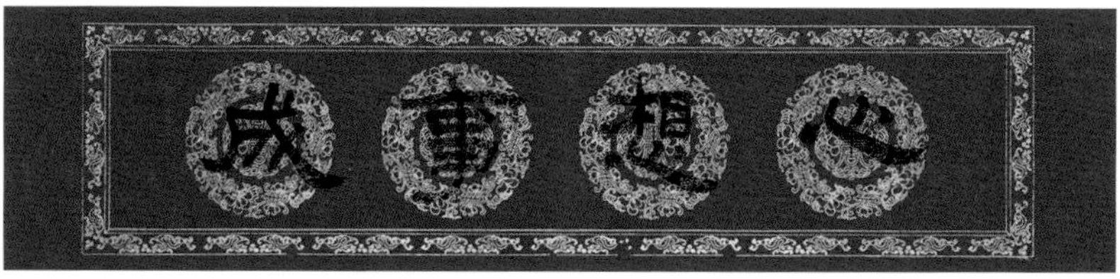

心想事成

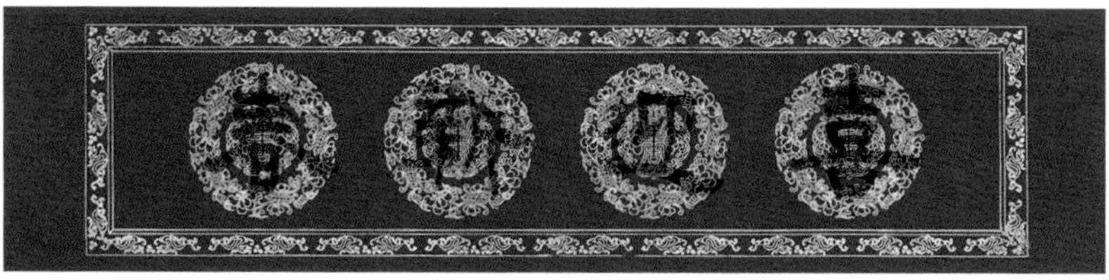

喜迎新春

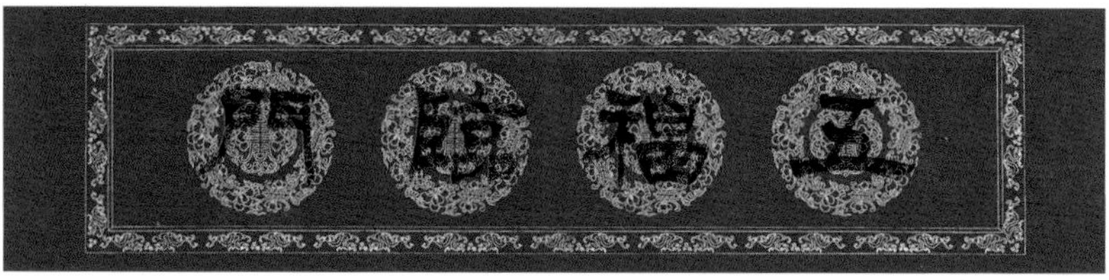

五福临门

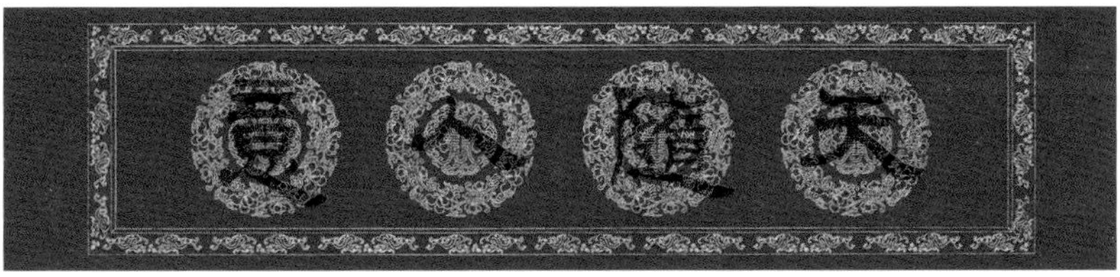

天随人意

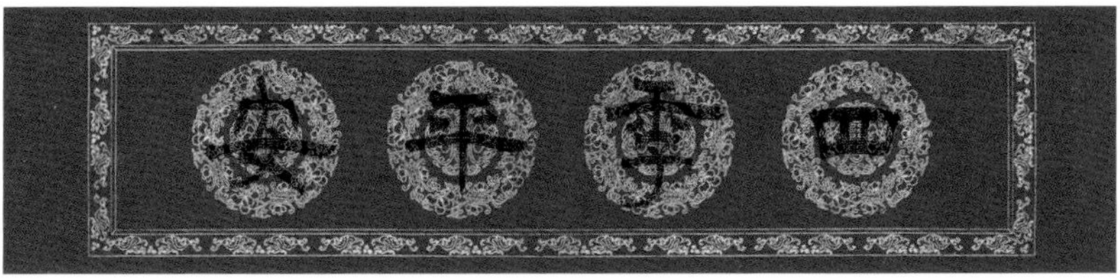

四季平安

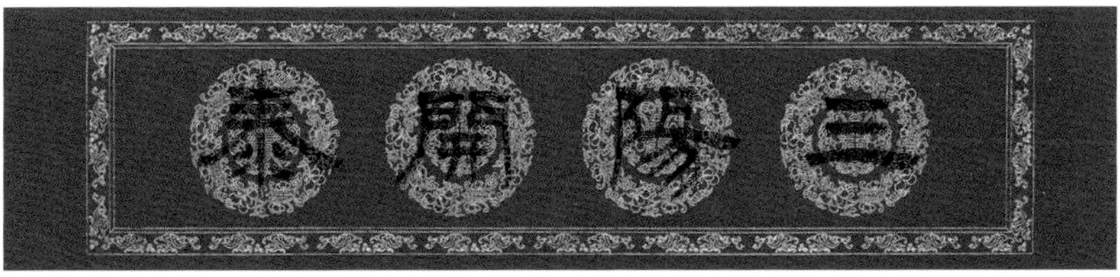

三阳开泰

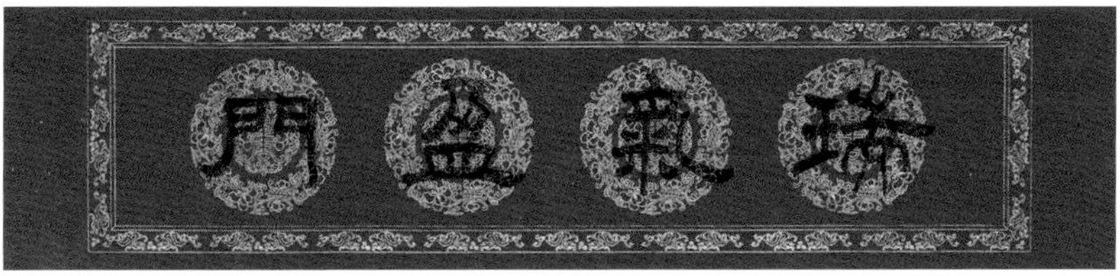

瑞气盈门

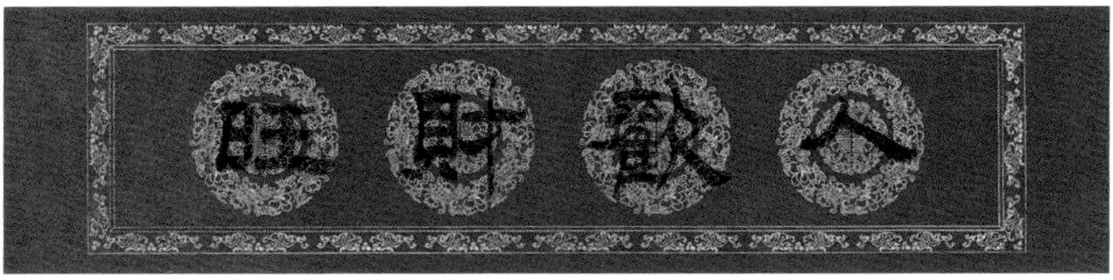

人欢财旺

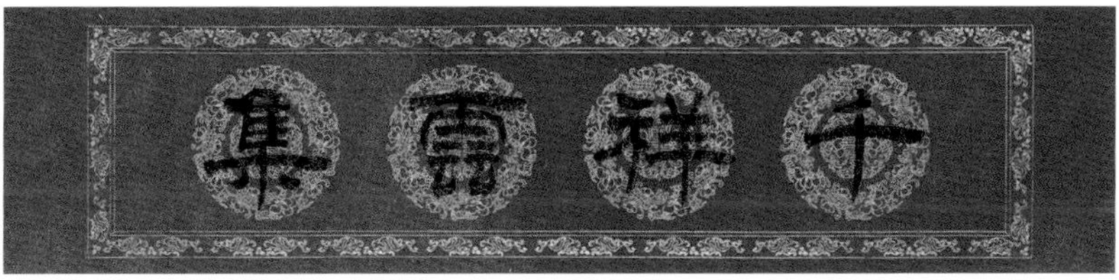

千祥云集

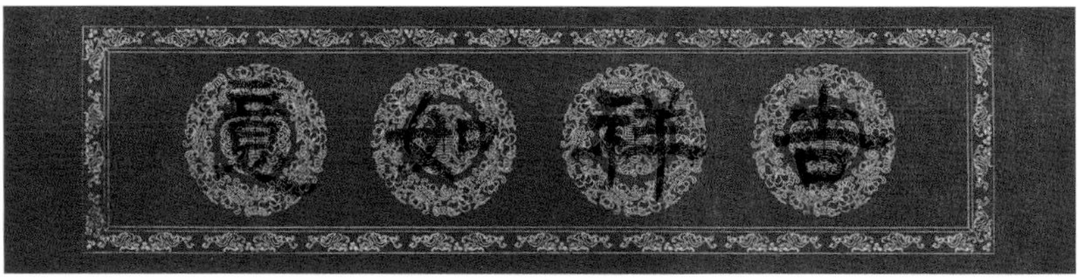

吉祥如意

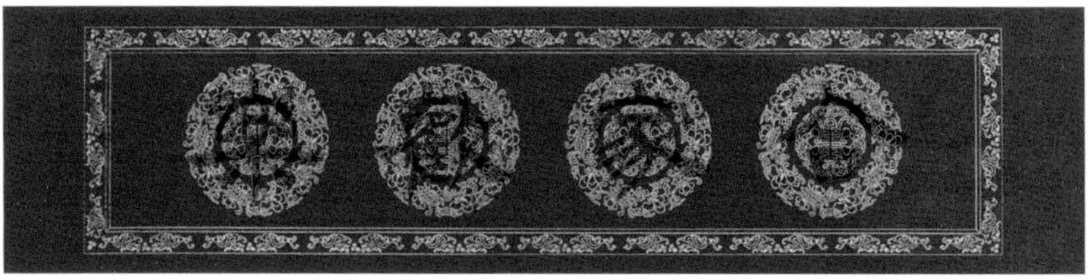

合家欢乐

恭喜发财

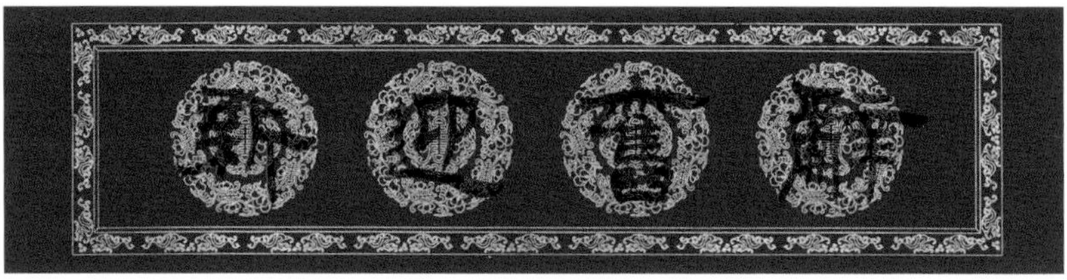

辞旧迎新

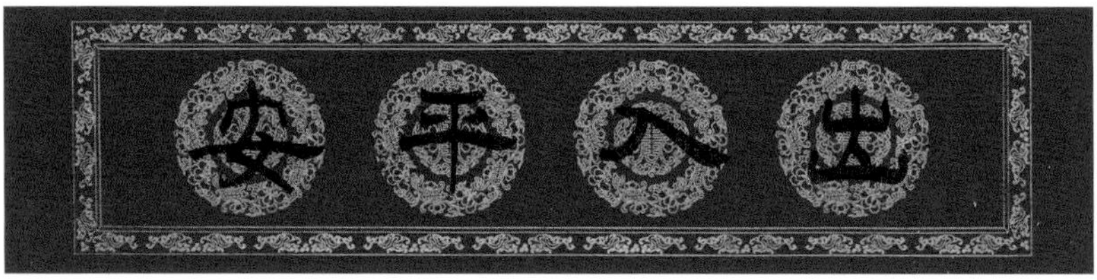

出入平安

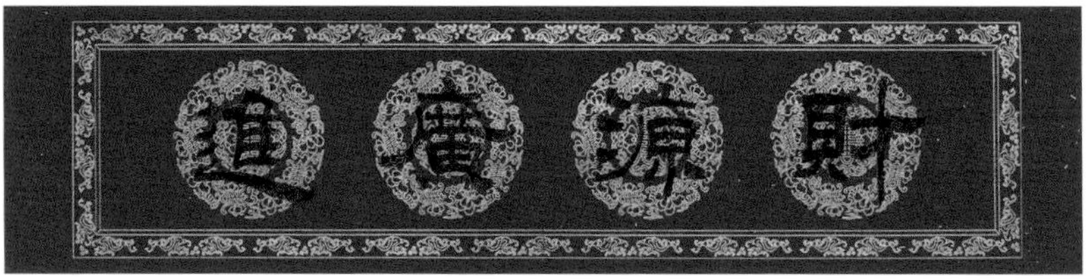

财源广进

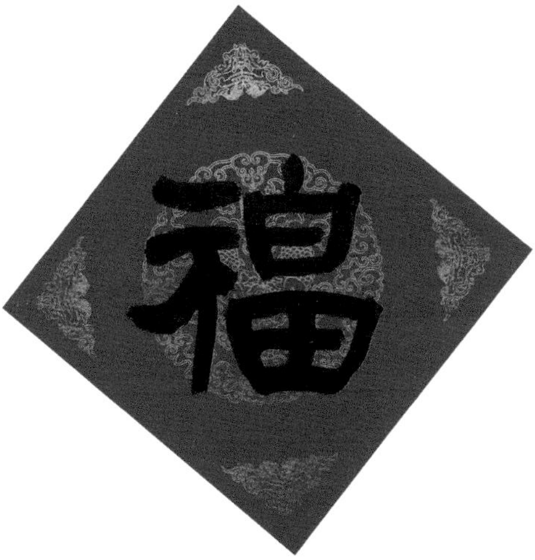

福

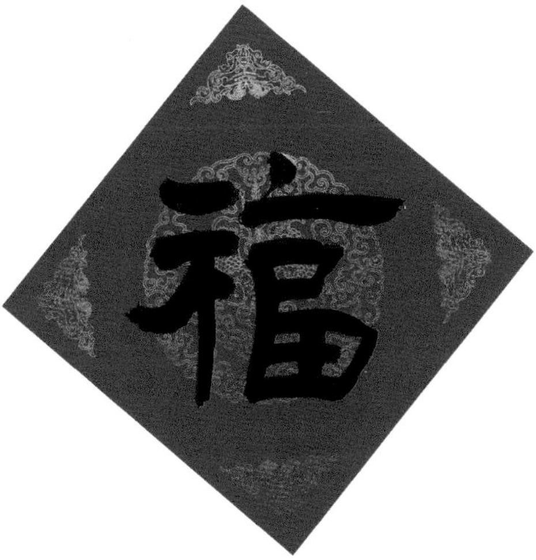

福

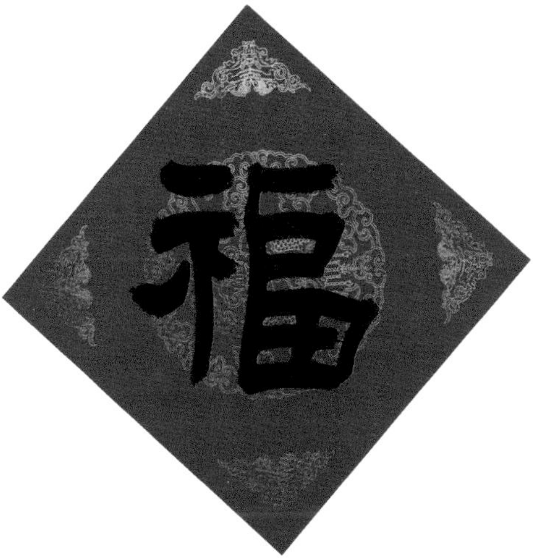

福

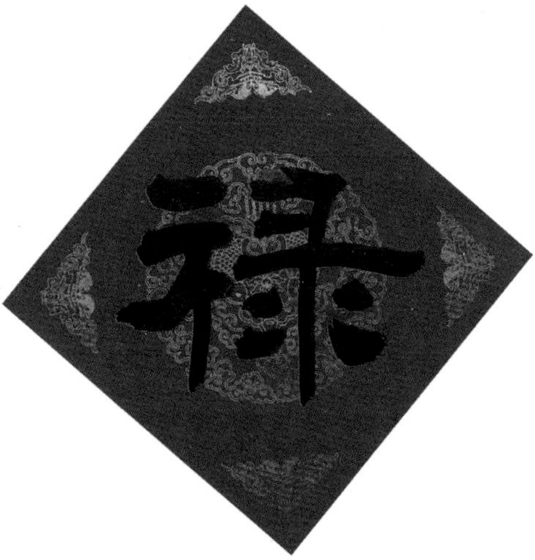

禄

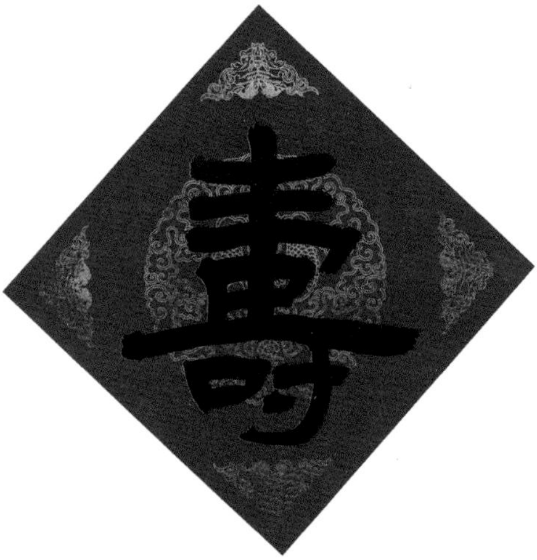

寿

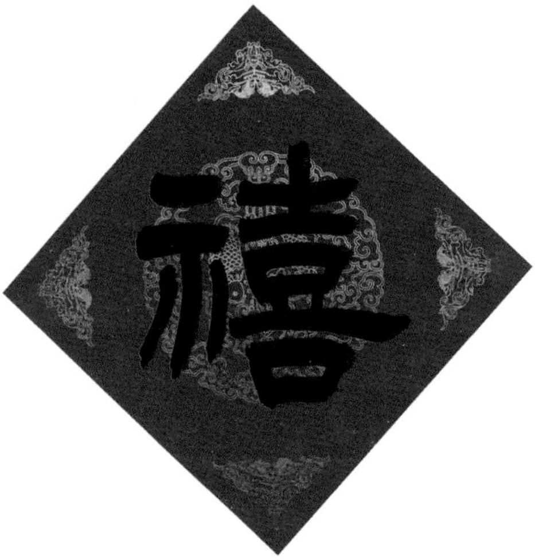

禧